CAMPO 1972

ŒUVRES COMPLÈTES

# EUGÈNE SUE.

# MATHILDE

4

PARIS

CHARLES GOSSELIN, PÉTION, ÉDITEUR,
30, rue Jacob. 11, rue du Jardinet.

M D CCC XLV

ŒUVRES COMPLÈTES

DE

EUGÈNE SUE.

MATHILDE.

## OUVRAGES DU MÊME AUTEUR.

| | |
|---|---|
| Le Juif errant................ | 10 vol. in-8. |
| Les Mystères de Paris........ | 10 vol. in-8. |
| Mathilde..................... | 6 vol. in-8. |
| Deux Histoires............... | 2 vol. in-8. |
| Le marquis de Létorière...... | 1 vol in-8. |
| Deleytar..................... | 2 vol. in-8. |
| Jean Cavalier................ | 4 vol. in-8. |
| Le Morne au Diable........... | 2 vol. in-8. |
| Thérèse Dunoyer.............. | 2 vol. in-8. |
| Latréaumont.................. | 2 vol. in 8. |
| La Vigie de Koat-Ven......... | 4 vol. in 8. |
| Paula-Monti.................. | 2 vol. in-8. |
| Le Commandeur de Malte....... | 2 vol. in-8. |
| Plick et Plock............... | 2 vol. in-8. |
| Atar Gull.................... | 2 vol. in-8. |
| Arthur....................... | 4 vol in-8. |
| La Coucaratcha............... | 5 vol. in-8. |
| La Salamandre................ | 2 vol. in-8. |
| Histoire de la Marine (*gravures*). | 4 vol. in-8. |

Sceaux. — Impr. de E. Dépée.

# MATHILDE

## MÉMOIRES D'UNE JEUNE FEMME

### Par EUGÈNE SUE.

TOME QUATRIÈME.

PARIS,

CHARLES GOSSELIN, | PÉTION, ÉDITEUR,
Editeur de la Bibliothèque d'élite, | Libraire - Commissionnaire,
50, RUE JACOB. | 11, RUE DU JARDINET.

1845

# MATHILDE

## MÉMOIRES D'UNE JEUNE FEMME

### Par EUGÈNE SUE

TOME QUATRIÈME

PARIS

CHARLES GOSSELIN, ÉDITEUR, BOSSANGE,

# MATHILDE.

## MÉMOIRES D'UNE JEUNE FEMME.

### CHAPITRE PREMIER.

UNE MÈRE.

Jamais je n'oublierai les émotions saisissantes de cette nuit que je passai dans une sorte de délire raisonnable, si cela se peut dire.

Tantôt je marchais à grands pas dans ma chambre, tantôt je m'arrêtais brusquement pour m'agenouiller et pour prier avec ferveur; puis j'avais des éclats de joie folle, des ressentiments de bonheur immenses, des élans de fierté calme et majestueuse.

J'étais mère! j'étais mère! à cette pensée enivrante, c'étaient des accès de tendresse idolâtre pour l'être que je portais dans mon sein. Je ne pouvais croire à tant de félicité... je pressais avec force mes deux mains sur ma poitrine, comme pour bien m'assurer que je vivais.

Il me semblait qu'à chaque battement de mon cœur répondait un petit battement doux et léger : c'était celui du cœur de mon enfant.

Mon enfant... mon enfant! Je ne pouvais me lasser de répéter ces mots bénis et charmants. Dans mon ivresse, je l'appelais, je le dévorais de caresses, j'étais comme insensée; je baisais mes mains, je riais aux éclats de cette puérilité, un instant après je fondais en larmes : mais ces bienfaisantes larmes étaient bonnes à pleurer.

Il était, je crois, deux ou trois heures du matin.

Il me sembla que mon bonheur manquait d'air, d'espace, que j'avais besoin de me trouver face à face avec le ciel pour mieux exprimer à Dieu ma religieuse reconnaissance.

J'ouvris ma fenêtre ; nous étions à la fin de l'automne : la nuit était aussi belle, aussi pure que le jour avait été radieux ; on n'entendait pas le plus léger bruit. Tout était ombre et mystère, les profondeurs du firmament étaient semées de millions d'étoiles étincelantes. La lune se leva derrière une colline couverte de grands bois. Tout fut inondé de sa pâle clarté, le parc, la forêt, les prairies, le château.

Tout-à-coup une faible brise s'éleva, grandit, grandit, passa dans l'air comme un soupir immense, et tout redevint silencieux.

Je vis un présage dans cet imposant murmure qui troublait un moment cette solitude et qui fit paraître plus profond encore le calme qui succéda...

Il me sembla que ma dernière plainte était sortie de mon cœur, et que désormais ma vie s'écoulerait heureuse et paisible.

Pour la première fois depuis que j'avais l'orgueilleuse conscience de la maternité... depuis que je vivais *double,* je songeai à mes peines passées... Ce fut pour rougir d'avoir pu m'affliger de chagrins qui n'atteignaient que moi seule.

En me rappelant cette soirée si fatale et si enivrante où j'avais acquis et la certitude de l'infidélité de Gontran, et la certitude que j'étais mère, je fus étonnée de la sérénité profonde, ineffable qui vint remplacer les poignantes émotions qui naguère encore m'avaient cruellement agitée.

Je ne pouvais douter que Gontran ne m'eût trompée... pourtant je me sentais pour lui d'une mansuétude infinie, d'une indulgence sans bornes.

Mon mari avait cédé à un goût passager; c'était une faiblesse, une faute : mais il était le père de mon enfant; mais c'était à lui que je devais la nouvelle et céleste sensation que j'éprouvais...

Ces pensées éveillaient en moi un mélange inexprimable de tendresse, de dévoûment, de respect et de reconnaissance qui ne me laissait ni la volonté ni le courage d'accuser Gontran de ses erreurs passées...

Quant à l'avenir... oh !... quant à l'avenir, cette fois je n'en doutais plus.

La révélation que j'allais faire à mon mari m'assurait, je ne dis pas, son amour, ses soins empressés, sa sollicitude exquise, mais encore une sorte de tendre et religieuse vénération de tous les instants.

Oui, c'était plus qu'une espérance, plus qu'un pressentiment qui me garantissait un avenir auprès duquel ces quelques jours de bonheur passés à Chantilly et toujours si regrettés devaient même me paraître pâles et froids...

Oui, j'avais dans mon bonheur à venir une foi profonde, absolue, éclairée, qui prenait sa source dans ce qu'il y de plus sacré parmi les sentiments divins et naturels.

Dans ce moment où Dieu bénissait et consacrait ainsi mon amour... douter de l'avenir c'eût été blasphémer.

Dès lors je ressentis pour Ursule une sorte de dédain compatissant, de pitié protectrice.

Je ne pouvais plus l'honorer de ma jalousie; envers elle, je ne pouvais plus descendre jusqu'à la haine.

Je planais dans une sphère si élevée, j'avais une telle conviction de mon immense supériorité sur Ursule, qu'il m'était même impossible d'établir entre elle et moi la moindre comparaison...

Pour la première fois depuis bien longtemps un franc sourire me vint aux lèvres en me rappelant que, la veille, j'avais envié la grâce avec laquelle elle montait à cheval; que, la veille, j'avais envié les brillantes saillies de son esprit.

Je haussai malgré moi les épaules à ce ressouvenir. Dans mon impériale et généreuse fierté, je m'apitoyai sur cette pauvre femme qui, après tout peut-être, n'avait pu résister au penchant qui l'entraînait vers Gontran... penchant dont je connaissais l'irrésistible puissance...

Mon Dieu, me disais-je, quel sera le réveil d'Ursule après ce rêve de quelques jours! Alors je me rappelai notre enfance, notre amitié d'autrefois... Le bonheur rend si compatissante que je m'attendris sur ma cousine.

Je me promis de demander à mon mari de lui apprendre avec ménagement qu'elle ne pouvait plus rester avec nous, je ne voulais pas abuser cruellement de mon triomphe...

Il me serait impossible d'expliquer la complète révolution que la maternité venait d'imprimer à mes moindres pensées, des idées graves, sérieuses, presque austères, qui s'éveillèrent en moi dans l'espace d'une nuit, comme si Dieu voulait préparer l'esprit et le cœur d'une mère aux célestes devoirs qu'elle doit remplir auprès de son enfant.

Moi jusqu'alors faible, timide, résignée, je me sentis tout-à-coup forte, résolue, courageuse : la main de Dieu me soutenait.

Tout un horizon nouveau s'ouvrit à ma vue, les limites de mon existence me semblaient reculées par les espérances infinies de la maternité.

Dans les seuls mots *élever mon enfant*, il y avait un monde de sensations nouvelles...

. . . . . . . . . . . . . . . . . . . . .

Peu à peu le jour parut.

Mon premier mouvement fut de tout apprendre à mon mari, de changer par cet aveu soudain sa froideur en adoration; puis je voulus temporiser un peu, suspendre le moment de mon triomphe pour le mieux savourer.

J'éprouvais une sorte de joie, à me dire :

D'un mot je puis rendre Gontran plus passionné pour moi qu'il ne l'a jamais été, lui qui, hier encore, m'oubliait pour une autre femme.

Bien rassurée sur l'avenir, je me plaisais à évoquer les souvenirs de mes plus mauvais jours...

J'agissais comme ces gens qui, miraculeusement délivrés de quelque grand péril, contemplent une dernière fois avec une jouissance mêlée d'effroi le gouffre qui a failli les engloutir, le rocher qui a failli les écraser...

Un sommeil profond, salutaire, me surprit au milieu de ces pensées.

Je m'éveillai tard; je trouvai ma pauvre Blondeau à mon chevet bien inquiète, bien triste : mes chagrins ne lui avaient pas échappé ; mais, si grande que fût ma confiance en elle, jamais je ne lui avais dit un mot qui pût accuser Gontran.

Mon visage rayonnait d'une joie si éclatante que Blondeau s'écria en me regardant avec surprise :

— Jésus mon Dieu, madame, qu'y a-t-il donc de si heureux ?... hier je vous avais laissée tellement abattue que j'ai passé toute la nuit en larmes et en prières.

— Il y a... ma bonne Blondeau, que, toi aussi, tu deviendras folle de joie quand tu sauras... mais va vite chercher M. de Lancry... va...

— M. le vicomte a déjà envoyé savoir des nouvelles de madame, ainsi que M. et madame Sécherin. J'ai dit que vous aviez passé une nuit assez mauvaise, monsieur semblait inquiet.

— Eh bien! va... va bien vite le chercher... Je vais le rassurer...

Blondeau partit.

A mesure que le moment où j'allais revoir Gontran approchait, mon cœur battait de plus en plus fort.

Mon mari parut.

Je me jetai dans ses bras en fondant en larmes et sans pouvoir trouver une parole.

Gontran se trompa, il prit mes pleurs pour des pleurs de douleur. Croyant sans doute que je l'avais vu la veille embrasser Ursule, et que j'étais désespérée, il me dit avec embarras :

— Je vous en prie, ne croyez pas les apparences, ne pleurez pas... ne...

— Mais c'est de joie que je pleure... Gontran, mais c'est de joie... regardez-moi donc bien ! — m'écriai-je.

— En effet, dit mon mari — ce sourire, cet air de bonheur répandus sur tous vos traits : Mathilde... Mathilde, que signifie?...

— Cela signifie que je sais tout, et que je vous pardonne tout... Oui, mon bien-aimé Gontran... oui... hier sur ce balcon j'ai vu votre bras enlacer la taille d'Ursule... hier j'ai vu vos lèvres effleurer sa joue... Eh bien ! je vous pardonne, entendez-vous?... je vous pardonne, parce que vous-même tout à l'heure vous vous accuserez plus amèrement que je ne l'aurais jamais fait moi-même ; parce que tout à l'heure, à genoux, à deux genoux, vous me direz grâce... grâce...

— Mais, encore une fois... Mathilde...

— Vous ne comprenez pas? Gontran, vous ne devinez pas?... Non ; vous me regardez avec effroi, vous croyez que je raille... que je suis folle peut-être? Mais, à mon tour, pardon... aussi pardon à vous, mon Dieu ! car il est mal de ne pas parler d'un tel bonheur si sacré avec une austère gravité. Gontran — m'écriai-je alors en prenant la main de mon mari — agenouillez-vous avec moi... Dieu a béni notre union... je suis mère !

Oh! je ne m'étais pas trompée dans mon espoir ! les traits de Gontran exprimèrent la plus douce surprise, la joie la plus profonde. Un moment interdit, il me serra dans ses bras avec la plus vive tendresse... Des larmes... des larmes... les seules que je lui aie vu répandre, coulèrent de ses yeux attendris ; il me regardait avec amour, avec adoration, presque avec respect.

— Oh! — s'écria-t-il en prenant mes deux mains dans les siennes — tu as raison, Mathilde ; c'est à genoux, à deux genoux que je vais te demander pardon, noble femme, cœur généreux, angélique créature! Et j'ai pu t'offenser! toi... toi toujours si résignée, si douce... Oh! encore une fois pardon... pardon.

— Je vous le disais bien, mon Gontran, mon bien-aimé, que vous me demanderiez pardon... Mais hélas! je le sens... je ne puis plus vous l'accorder ; il faudrait me souvenir de l'offense, et je ne m'en souviens plus.

— Ah! Mathilde! Mathilde! j'ai été bien coupable — s'écria Gontran en secouant tristement la tête. — Mais, croyez-moi, ça été de la légèreté, de l'inconséquence, mais mon cœur, mon amour, ma vénération étaient à vous... toujours à vous... maintenant de nouveaux devoirs me dictent une conduite nouvelle, vous verrez... oh! vous verrez, mon amie... combien je serai digne du bonheur qui nous arrive. Combien vous serez sacrée pour moi... Mathilde!... Mathilde... — ajouta-t-il en baisant mes mains avec ivresse. — Oh! croyez-moi, ce moment m'éclaire, jamais je n'ai mieux senti tout ce que vous valiez et combien j'étais peu digne de vous... Je vous le jure, Mathilde, je vous aime maintenant plus passionnément peut-être que lors de ces beaux jours de Chantilly, que vous regrettez toujours, pauvre femme... Maintenant, je dis comme vous... si vous ne pouvez plus me pardonner l'offense, parce que vous l'avez oubliée; moi je ne puis plus vous demander grâce, parce que je ne puis plus croire que je vous aie jamais offensée.

— Oh! Gontran... Gontran, voilà votre cœur, votre langage... c'est vous, je vous reconnais.... O mon Dieu, mon Dieu, donnez-moi la force de supporter tant de bonheur...

— Oui, oui, c'est moi, ton ami, ton amant, Mathilde... ton amant, qui n'étais pas changé ; non, non, je te le jure : mais, grâce à toi, j'étais si heureux, si heureux que je ne pensais pas plus à ce bonheur que je te devais qu'on ne pense à remercier Dieu de la vie qui s'écoule heureuse et facile ; et puis si j'étais quelquefois insouciant, capricieux, fantasque, il faut vous le reprocher, mon bon ange, ma bien-aimée, oui, j'étais comme ces enfants gâtés que, dans sa tendresse idolâtre, une mère ne gronde jamais! pour leurs grandes fautes, elle n'a que des sourires ou de douces remontrances... et encore... non... — reprit-il avec une grâce touchante — non... je cherche à m'excuser, à affaiblir mes torts, et c'est mal... j'ai été égoïste, dur, indifférent, infidèle; j'ai pendant quelque temps méconnu le plus adorable caractère qui existât au monde... Oh! Mathilde, je ne crains pas de charger le passé des plus noires couleurs.. l'avenir m'absoudra...

— Ne parlons plus de cela ; Gontran, parlons de *lui*, de notre enfant : quels seront vos projets. Quelle joie, quelle félicité ! Si c'est un garçon, comme il sera beau ! si c'est une fille, comme elle sera belle ! Il aura vos yeux, elle aura votre sourire et de si beaux cheveux bruns, des joues si rosés, un petit col si blanc, de petites épaules à fossettes... Ah ! Gontran, je délire ; tenez, je suis folle... je ne pourrai jamais attendre jusque-là ! — m'écriai-je si naïvement que Gontran ne put s'empêcher de sourire.

— Dites-moi — reprit-il tendrement — que préférez-vous ? voulez-vous rester ici... encore quelque temps, ou bien nous en aller nous établir à Paris ?... Dites, Mathilde... ordonnez... maintenant je n'ai plus de volonté.

— Maintenant, au contraire, mon ami, il faut que vous en ayez et pour vous et pour moi, car je vais être tout absorbée par une seule pensée... mon enfant... Hors de cette idée fixe, je ne serai bonne à rien.

— Puisque vous me laissez libre, je réfléchirai à ce qui sera convenable, ma bonne Mathilde... j'y aviserai.

— Ce que vous ferez sera bien fait, mon ami ; entre autres considérations, n'est-ce pas ? vous consulterez l'économie ; car maintenant il nous faut être sages... nous ne sommes plus seuls... il faut songer dès à présent à la dot de ce cher enfant : et, du temps où nous vivons, l'argent est tant... que la richesse est une chance de bonheur de plus. Voyons, mon ami, comment réduirons-nous notre maison ?

— Nous y songerons, Mathilde ; vous avez raison. Quel bonheur de remplacer un luxe frivole et inutile par une touchante prévoyance pour l'être qui nous est le plus cher au monde ! Ah ! jamais nous n'aurons été plus heureux d'être riches.

— Tenez, mon ami, quand je pense que chacune de mes privations pourrait augmenter le bien-être de notre enfant... j'ai peur de devenir avare.

— Chère et tendre amie, soyez tranquille... Je sens, comme vous, tous les devoirs qui nous sont imposés maintenant... Je ne manquerai à aucun d'eux. Comme vous, Mathilde, cette nuit m'a changé — ajouta Gontran avec un sourire de grâce et de tendresse inimitable.

Mon mari parlait alors sincèrement ; je connaissais assez sa physionomie pour y lire l'expression la plus vraie, la plus touchante.

Quand il m'exprimait ses regrets de m'avoir tourmentée, il disait vrai : les cœurs les plus durs, les caractères les plus impitoyables, ont souvent d'excellents retours ; à plus forte raison Gontran était capable d'un généreux mouvement : il n'était point méchant, mais gâté par trop d'adorations.

Encore une fois, je suis certaine qu'alors mon mari redevint pour moi ce qu'il était au moment de mon mariage.

J'étais si forte de cette conviction, il me paraissait si naturel que le goût passager que mon mari avait eu pour Ursule se fût subitement éteint, par la révélation que je venais de lui faire, que, sans la moindre hésitation, sans le moindre embarras, je dis à Gontran :

— Maintenant, mon ami, comment allons-nous éloigner Ursule ?...

A cette question naïve, Gontran me regarda en rougissant de surprise.

— Cela vous étonne, de m'entendre ainsi parler de ma cousine — lui dis-je en souriant

— rien n'est pourtant plus simple : je ne ressens à cette heure aucune animosité, aucune jalousie contre elle; je n'ai pas le temps, je suis trop heureuse! elle a été coquette avec vous, vous avez été empressé près d'elle, je pardonne tout cela : ce sont des étourderies de *jeunesse* dont vous ne vous souvenez plus maintenant, mon tendre ami ; je désire seulement que, vous qui avez tant de tact et d'esprit vous trouviez un moyen d'éloigner Ursule, sans dureté, sans trop la blesser : car, malgré moi, je ne puis m'empêcher de la plaindre; un moment peut-être... elle aura cru que vous l'aimiez...

Gontran me regarda d'un air interdit, il semblait croire à peine ce qu'il entendait.

Après un moment de silence, il s'écria :

— Toujours grande, toujours généreuse : ah! je serais le plus coupable des hommes, si j'oubliais jamais votre conduite dans cette circonstance. Oui, vous avez raison, Mathilde, j'expierai ces étourderies de jeunesse comme je le dois. Il faut que votre cousine parte... qu'elle parte le plus tôt possible; non que je doute de ma résolution, mais parce que sa vue vous redeviendrait pénible une fois votre premier enivrement passé.

— Vous dites vrai, mon ami... vous me connaissez mieux que je ne me connais moi-même. Si vous saviez... j'ai tant souffert à cause d'elle... Mais, tenez... Gontran, ne parlons plus de cela... tout est oublié... Il sera facile à Ursule de déterminer son mari à quitter Maran, il n'a pas d'autre volonté que la sienne... Mais... — ajoutai-je en hésitant — comment ferez-vous pour amener Ursule à cette résolution ?

— Rien de plus simple, je lui dirai tout avec franchise et loyauté.

— Vous lui direz...

— Je lui dirai qu'elle et moi nous avons été des fous, que nous avons risqué de compromettre gravement, elle, la tranquillité du meilleur des hommes, moi, le repos de la plus tendre, de la plus adorable des femmes... Je lui dirai que nos imprudences ont effrayé vos soupçons, que pour rien au monde je ne voudrais vous causer le moindre chagrin ; je lui dirai enfin que je la supplie de décider son mari à partir.

Je gardai un moment le silence ; malgré ma foi dans l'amour de Gontran, dans ma supériorité sur Ursule, il m'était pénible de songer que mon mari allait avoir encore un entretien secret avec ma cousine.

Hélas! à cette pensée, tous mes ressentiments jaloux se réveillèrent malgré moi.

Je dis à Gontran avec émotion : — Pour décider Ursule à partir il faudra donc que vous lui demandiez un rendez-vous ?...

— Sans doute...

— Eh bien! je vous l'avoue, Goutran, cette idée m'est cruelle.

— Allons — reprit-il en souriant — il faudra que j'aie plus de courage que vous... Comment faire pourtant, ma pauvre Mathilde?

— Je ne sais...

— Je n'ose vous proposer de parler vous-même à votre cousine.

— Non ; cela me ferait mal, je le sens. Un tel avis de ma part l'humilierait amèrement, je ne puis oublier qu'elle a été mon amie... ma sœur...

— Que faire donc? je lui écrirais bien... mais cela est dangereux... et puis il y a mille choses qu'on peut dire et qu'on ne peut écrire ; des objections auxquelles on répond de vive voix, et que l'on ne peut détruire que par une longue correspondance...

Après avoir rêvé quelque temps, Gontran s'écria tout rayonnant de joie :

— Oh ! Mathilde... Mathilde... quelle bonne idée ! voulez-vous une double preuve de ma loyauté et de mon désir de vous faire oublier les chagrins que je vous ai causés ?

— Comment cela ?

— Cachée quelque part, d'où vous puissiez tout voir et tout entendre, assistez à cet entretien dont votre jalousie s'effraie.

— Gontran... que dites-vous... Ah ! cette épreuve...

— N'a rien qui doive alarmer... Une dernière fois, Mathilde, mon ange bien-aimé, je veux tout vous dire, tout vous confier... être aussi franc que vous êtes généreuse... Pardonnez-moi si je vous froisse ; j'en aurai le courage, car au moins ce loyal aveu détruira, j'en suis sûr, vos craintes exagérées... Vous verrez que j'ai été plus imprudent, plus léger que coupable. Vous verrez que si Ursule a été pour moi très coquette, que si, de mon côté, je suis sorti des bornes de la simple galanterie, elle n'a pas à rougir d'une faute grave et irréparable... Eh bien! oui, hier, après cette curée aux flambeaux, en plaisantant j'ai passé mon bras autour de sa taille, j'ai voulu l'embrasser; c'était une légèreté condamnable, je le sais, quoiqu'elle pût peut-être s'excuser par la familiarité qu'autorise la parenté.

— Et à Rouvray... Gontran?

— A Rouvray, comme ici, j'ai fait à Ursule de ces compliments qu'on adresse à toutes les femmes... je lui ai dit qu'elle était charmante, que j'aurais un vif plaisir à la voir long-temps chez nous; elle a accueilli ces galanteries avec coquetterie, mais en riant et sans y voir plus de sérieux qu'il n'y en avait, je vous l'assure... Voilà toute ma confession : Mathilde... pardon, encore pardon.

— Je vous remercie, au contraire, de ces aveux qui me rassurent, mon ami; il vaut mieux connaître la vérité, quelque pénible qu'elle soit, que de s'épouvanter de fantômes souvent plus effrayants que la réalité.

— Aussi, Mathilde, maintenant je vous jure

sur l'honneur, sur ce que j'ai de plus cher au monde, sur vous, enfin ! que dans cet entretien j'aborderai votre cousine avec un cœur tout rempli de vous, de votre bonté, de votre générosité ; que je ne dirai pas une parole sans songer aux larmes que je vous ai fait verser, noble et angélique créature ! je vous jure enfin que ce goût passager dont je vous ai fait l'aveu s'est évanoui devant l'intérêt si sacré, si puissant qui rend nos liens plus étroits encore... Mathilde... Mathilde... je serais le dernier des hommes, si l'état dans lequel vous êtes ne suffisait pas pour me commander les plus tendres soins, les plus chers respects : croyez-moi, assistez donc sans crainte à cet entretien, Mathilde, je suis fier de vous prouver que je sais au moins expier les fautes que j'ai commises.

— Oh ! je vous crois, je vous crois, mon Gontran bien-aimé ; je m'abandonne à vos conseils : oui, j'aurai le courage de cette épreuve.

— Merci... oh ! merci, Mathilde, de me permettre de me justifier ainsi, mais je ne veux pas que vous conserviez le moindre doute ; l'amour est soupçonneux, je le sais : malgré vous il vous resterait peut-être l'arrière-pensée que j'ai prévenu Ursule, que...

— Ah ! Gontran, vous me jugez bien mal.

— Non, non, ma pauvre Mathilde, laissez-moi faire ; plus l'explication vous semblera franche, loyale, imprévue, plus vous serez satisfaite. Ecoutez-moi donc... vous allez dire à Blondeau de prier votre cousine de venir vous trouver ici. Vous vous mettrez là, dans le cabinet de votre alcôve ; cette porte vitrée entr'ouverte, un coin de ce rideau soulevé, vous permettront de tout voir, de tout entendre. Votre cousine viendra, je lui dirai que vous venez de sortir, que vous la priez de vous excuser et de venir la retrouver dans le pavillon du parc. Pendant quelques moments je la retiendrai ici, puis elle sortira pour aller vous chercher. Alors paraissant hors de votre cachette...

— Alors je tomberai à vos genoux, Gontran, pour vous remercier mille fois de m'avoir rendu en un jour tous les bonheurs que je croyais avoir perdus.

Ainsi que l'avait désiré mon mari, Blondeau alla chercher Ursule.

J'entrai avec un grand battement de cœur

dans un des cabinets de l'alcôve ; les tendres assurances de Gontran, sa loyauté, tout devait m'empêcher de ressentir la moindre crainte, et pourtant un moment encore j'hésitai.

Il me sembla que je jouais un rôle indigne de moi en assistant ainsi invisible à cet entretien.

Je l'avoue, mes irrésolutions cessèrent, moins dans l'espoir de voir humilier ma rivale que dans l'espoir ardent et inquiet d'assister à une scène si étrange, si nouvelle pour une femme.

Je connaissais le ton plaintif et mélancolique d'Ursule, je m'attendais à la voir fondre en larmes lorsque mon mari lui signifierait son intention.

Jugeant de l'amour qu'elle devait ressentir pour Gontran par l'amour que j'éprouvais pour lui, je prévoyais que cette scène allait être cruelle pour ma cousine ; soit faiblesse, soit générosité, je ne pus m'empêcher de la plaindre.

J'allai même jusqu'à craindre que Gontran excité par ma secrète présence ne se montrât trop dur envers elle. Quel réveil pour cette malheureuse femme qui l'aimait tant sans doute et qui se croyait aussi tant aimée !...

Encore à cette heure je suis convaincue que mon mari était alors sincère dans sa détermination de sacrifier un caprice passager à l'affection sainte et grave que je méritais... Une seule crainte vint m'assaillir : Ursule était si rusée, si adroite ; elle savait donner à sa voix, à ses larmes une si puissante séduction que peut-être la résolution de mon mari ne résisterait-elle pas à l'expression de sa douleur touchante.

Ces réflexions m'étaient venues plus rapides que la pensée.

J'entendis les pas légers d'Ursule.

Je me retirai dans ma cachette.

## CHAPITRE II.

L'ENTRETIEN.

---

Ursule en entrant dans ma chambre parut fort surprise de ne pas m'y voir.

Son visage était souriant et gai, la physionomie de Gontran était au contraire froide et réservée.

Il se tenait debout près de la cheminée, où il s'accoudait.

Ursule après avoir fermé la porte lui dit :
— Comment c'est vous, où est donc Mathilde ?

— Elle a été obligée de descendre à l'instant pour répondre aux réclamations d'un de ses pauvres ; elle vous prie de l'excuser, et d'aller la rejoindre tout à l'heure dans le pavillon du parc...

Ursule me parut d'abord étonnée de l'accueil glacial de mon mari, puis elle sourit, lui fit une profonde révérence d'un air moqueur en lui disant :

— Je vous remercie, monsieur, d'avoir bien voulu m'apprendre où je pourrai rencontrer madame la vicomtesse de Lancry, je suis désolée d'avoir troublé vos graves méditations.

Ursule fit un pas vers la porte.

— Un mot, je vous prie — dit Gontran.

Ursule, qui allait sortir, s'arrêta, retourna lentement la tête, jeta à Gontran un long regard rempli de malice et de coquetterie, leva en l'air son joli doigt d'un air menaçant et lui dit :

— Un mot... soit, mais pas plus... je sais qu'il est très dangereux de vous écouter... plus encore peut-être que de vous regarder. Voyons, vite, ce mot, mon beau, mon ténébreux cousin.

— Ce que j'ai à vous dire est grave et sérieux, Madame.

— Vraiment, Monsieur, c'est grave, c'est sérieux? Eh bien! j'en suis ravie, cela contrastera avec votre folie et votre étourderie habituelle. Voyons, dites, je vous écoute.

—Lorsque je vous vis à Rouvray—dit Gontran—il y a deux mois, je ne pus vous cacher que je vous trouvais charmante.

— C'est la vérité, Monsieur et cher cousin, et j'ai souvenance que, dans certaine allée de charmille, vous me fîtes même une déclaration... assez impertinente à laquelle je répondis comme je devais le faire, en me moquant de vous : voyons, continuez; votre gravité sentencieuse, cérémonieuse m'amuse et m'intrigue infiniment... où voulez-vous en venir? Gontran jeta un coup-d'œil satisfait du côté de la porte du cabinet où j'étais et reprit :

— A votre arrivée ici, je vous ai dit tout le plaisir que j'avais à vous revoir.

— Tout le *bonheur*, mon cher et beau cousin, tout le *bonheur*, s'il vous plaît ; vos moindres paroles sont, hélas! gravées là en caractères ineffaçables—dit Ursule en appuyant sa main sur son cœur et en regardant mon mari d'un air ironique.

Gontran parut presque contrarié de ce sarcasme, fronça légèrement les sourcils, et reprit d'un ton ferme :

— Je suis ravi, Madame, que vous soyez en

train de plaisanter, la tâche que j'ai à remplir me sera moins difficile.

— Voyons, vite, vite, je suis sur des charbons ardents, mon cher cousin, je brûle de savoir la conclusion de tout ceci, et à quoi sera bon ce résumé solennel de notre... comment dirai-je? de notre amour... non certes, vous avez trop et trop peu pour m'inspirer ce sentiment... disons donc de notre coquetterie, c'est, je crois, le mot... Trouvez-vous !

— Soit, Madame... — reprit Gontran — je continuerai donc ce résumé de notre... de notre coquetterie : à votre arrivée à Maran, je vous ai dit tout le bonheur que j'avais de vous revoir, tout mon espoir de voir votre séjour ici se prolonger.

— Cela est encore vrai, beau cousin ; nous avons le lendemain fait une charmante partie de chasse : vous m'avez même un peu grondée... très tendrement, il est vrai, de ce que je semblais préférer le bruit retentissant des trompes à vos amoureuses déclarations... et j'avoue à ma honte que je méritais beaucoup vos reproches ; il n'y avait pour moi rien de plus ravissant, de plus nouveau surtout, que ces fanfares éclatantes qui résonnaient fièrement au fond des bois.

— Et sans doute une déclaration n'avait pas pour vous le même attrait de nouveauté. L'aveu est naïf — dit Gontran en souriant.

Ursule regarda fixement mon mari, cambra, redressa sa jolie taille, comme si elle eût obéi à un secret mouvement d'admiration pour elle-même, secoua légèrement son front hardi, pour faire onduler les longues boucles de sa chevelure brune, et répondit avec un sourire moqueur presque méprisant :

— Mon cher cousin, j'ai dix-huit ans à peine et on m'a déjà bien souvent dit que j'étais charmante; vous me pardonnerez donc d'être un peu blasée sur les déclarations : depuis longtemps mon oreille est faite à ce ramage flatteur et banal, et vous n'avez pas malheureusement éveillé dans mon âme des sensations aussi inconnues que ravissantes ; je ne doute pas que vous ne soyez un très excellent Pygmalion, mais le marbre de Galatée s'était assoupli et animé avant que votre tout-puissant regard eût daigné s'abaisser sur une pauvre provinciale comme moi...

Mon étonnement était à son comble.

C'était Ursule qui s'exprimait ainsi ; elle autrefois si éplorée, si incomprise et parlant toujours de sa tombe prochaine...

C'était Ursule qui parlait à Gontran avec ce dédain moqueur, à lui dont les succès avaient été si nombreux, à lui si recherché, si adoré par les femmes les plus à la mode !

Gontran semblait non moins surpris que moi de ce langage railleur.

Néanmoins je vis avec joie qu'il ne m'avait pas trompée.

Il avait pu être léger, inconsidéré auprès d'Ursule, mais il avait été préservé d'un sentiment plus vif par la froide coquetterie de ma cousine.

Ursule reprit avec la même ironie :

— Qu'avez-vous? mon cher cousin! vous semblez contrarié.

— C'est qu'aussi, Madame, je ne vous ai jamais vue si moqueuse.

— C'est qu'aussi, Monsieur, je ne vous ai jamais vu si solennel.

— Vous avez raison — dit Gontran en souriant — il s'agit de folies, de quelques galanteries sans conséquence échangées entre un homme et une femme du monde, et je prends en vérité un air magistral par trop ridicule. Eh bien donc, ma jolie cousine, vous souvenez-vous qu'hier soir, après la curée aux flambeaux, j'ai été assez peu maître de moi pour vouloir enlacer cette taille charmante et effleurer cette joue si fraîche et si rose... eh bien, je viens vous demander pardon de cette audace, vous supplier d'oublier cette folie... J'avais cédé à un entraînement passager... j'avais un moment confondu la familiarité de la parenté avec un sentiment plus tendre, et je viens...

Ursule interrompit mon mari par un éclat de rire et s'écria :

— Vous venez me demander pardon... mais il n'y a véritablement pas de quoi, mon cher cousin... Votre vertueuse candeur s'alarme à tort, je vous le jure... Votre audace a été fort innocente... car votre bouche a effleuré non pas cette *joue si fraîche et si rose*, mais la barbe de mon bonnet. Quant à cette taille charmante que vous *avez enlacée* à peu près malgré moi, c'est une faveur que s'accorde au bal le premier valseur venu ; et je ne vois pas qu'elle soit assez flatteuse pour que vous en ayez des remords : hier soir je n'ai pas joué la pudeur offensée, parce qu'il m'eût fallu me plaindre ou me fâcher d'un procédé de mauvais goût; dans une circonstance pareille, une honnête femme se résigne et se tait.

Sans doute l'amour-propre de Gontran fut blessé de ces railleries, car, oubliant ma présence, il s'écria presqu'avec chagrin :

— Comment, Madame, votre silence était de la résignation, de l'indifférence !

— A ce point, mon cher cousin, que je me rappelle, hélas ! jusqu'aux plus petits détails des tristes suites de votre audace.

— Comment cela ?

— Certainement, j'avais la main droite sur la grille du balcon, et, en la retirant, j'ai déchiré la valenciennes de mon mouchoir.

— Cela prouve — dit Gontran avec impatience — madame, que vous avez une excellente mémoire...

— Cela ne prouve pas du tout en faveur de ma mémoire, mon cousin, mais cela prouve en faveur de l'angélique pureté de mes sentiments à votre égard...

— Madame !...

— Mais sans doute, voyons sérieusement : est-ce que si mon silence eût été du trouble... est-ce que si je vous avais aimé... j'aurais remarqué tout cela ?... est-ce que j'aurais attendu que vos lèvres effleurassent mes joues, que votre bras pressât ma taille, pour être saisie d'une de ces émotions subites, muettes, profondes, qui nous enivrent et vous égarent ? Eh mon Dieu !... à peine votre main eût-elle touché ma main, qu'une sensation électrique, rapide comme la foudre, eût bouleversé ma raison, mes sens !... Presque sans le savoir, sans y penser, malgré moi enfin... je serais tombée dans vos bras, et je m'y serais réveillée sans me souvenir de rien, mais encore toute frémissante d'une émotion délirante, inconnue, qu'aucune expression ne pourrait traduire !

Malheur ! malheur ! jamais je n'oublierai l'accent ému, passionné avec lequel Ursule prononça ces derniers mots ; jamais je n'oublierai la rougeur qui un instant enflamma son visage, comme un reflet de pourpre ; jamais je n'oublierai le regard à la fois vague, brûlant, noyé de volupté, qu'elle jeta au ciel comme si elle eût ressenti ce qu'elle venait de dépeindre.

Malheur ! malheur ! jamais je n'oublierai surtout avec quelle admiration ardente Gontran la contempla pendant quelques minutes : car elle était belle... oh, bien belle ainsi ; elle était belle, non sans doute d'une beauté chaste et pure, mais de cette beauté sensuelle qui a, dit-on, tant d'empire sur les hommes.

Malheur ! malheur ! je vis sur les traits de Gontran un mélange de douleur, de colère, d'entraînement involontaire, qui me dit assez qu'il était au désespoir de n'avoir pas fait éprouver à Ursule ces émotions qu'elle racontait avec une éloquence si passionnée.

Ma terreur de cette femme augmenta : je fus sur le point de sortir de ma retraite, d'interrompre cette scène ; mais, emportée par une âpre curiosité, inquiète d'entendre la réponse de Gontran, je restai immobile.

Mon mari semblait fasciné par le regard d'Ursule ; il reprit avec amertume :

— En vérité, madame, voici une théorie complète, heureux celui qui la mettra en pratique ! Avec vous je vois avec plaisir que j'étais encore moins infidèle envers ma femme que je ne l'avais cru ; je m'en applaudis sincèrement, je vous remercie d'être au moins franchement coquette avec moi.

Ursule partit d'un nouvel éclat de rire et reprit :

— Mon Dieu ! de quel air découragé votre solennité me parle de sa fidélité conjugale ! on dirait que vous éprouvez le remords d'une bonne action, et que vous êtes désespéré de vous trouver si peu coupable...

— Il est vrai, ma chère cousine, je me croyais un peu moins innocent... et je vous croyais un peu plus ingénue...

— Tenez, décidément, vous êtes furieux...

— Moi ! vous vous trompez, je vous le jure.

— Vous êtes furieux... vous dis-je... Ah ! vous avez cru, mon cher cousin, que vous n'aviez qu'à paraître pour me plaire, pour me subjuguer : mais, j'y pense —ajouta-t-elle en redoublant d'éclats de rire — vous avez pensé, j'en suis sûre, que blessée d'un trait mortel dès avant mon mariage, lors de votre présentation à Mathilde, et *reblessée* lors de votre passage à Rouvray, je n'avais jamais eu qu'un but, qu'une pensée, celle de venir vous rejoindre ici ou à Paris... que dans mon empressement à vous faire ma cour, à me ménager de longues entrevues avec vous, j'avais bravement appris à monter à cheval, au risque de me casser le cou, le tout pour mériter un de vos regards, pour vous faire dire en vous-même : — Pauvre petite, quel dévoûment, quel courage ! — ou bien encore... — Ah ! les femmes, les femmes ! quand un de ces démons s'est mis en tête de nous séduire, il y réussit toujours. — Quant à cela, entre nous, mon pauvre cousin, vous n'avez pas eu tout-à-fait tort; car je crois que je vous ai fort séduit... seulement, je ne l'ai pas fait exprès...

— Je vois que je ne suis pas le seul à qui l'on puisse reprocher quelque vanité — dit Gontran de plus en plus piqué.

— Comment — reprit Ursule dans un nouvel accès de gaîté — vous croyez qu'on ne peut sans vanité prétendre à votre cœur! pour vous qui voulez me donner une leçon de modestie, l'aveu est piquant. Eh bien! je vous avoue que, tout en étant certaine de vous avoir séduit, je n'en suis pas plus fière...

— Ainsi, vous me croyez très amoureux de vous?

— Je vous crois plus amoureux de moi aujourd'hui que vous ne l'étiez hier. Je crois que vous le serez demain encore plus qu'aujourd'hui...

— Et quelle sera la fin de cette passion toujours croissante, charmante prophétesse?...

— Pour moi, un immense éclat de rire... pour vous, peut-être, toutes sortes de désespoirs... Car, vous devez savoir cela par expérience, seigneur Don Juan; s'il y a passion d'un côté, ordinairement il y a de l'autre indifférence ou dédain : aussi, ce qui m'empêchera de jamais répondre à votre amour... ce qui vous fait un tort irréparable à mes yeux, c'est tout simplement... votre amour...

— Vous maniez à merveille le paradoxe, madame, et je vous en fais mon compliment...

— Ceci vous semble paradoxal, c'est tout simple ; on est si peu habitué à entendre des vérités *vraies,* qu'elles paraissent toujours des paradoxes : au risque de passer pour folle, je vous dirai donc que vous m'aimez non seulement parce que je suis jeune et jolie, mais parce que votre orgueil, votre vanité, s'irritent de ce que, malgré vos succès passés, je ne me rends pas à vos irrésistibles séductions.

— Madame — s'écria Gontran — de grâce... parlons un peu moins de moi...

— Vous avez raison, mon cousin, nous voici bien loin de la conversation que nous devions avoir ensemble ; où en étions-nous donc ?... Ah... oui. C'est cela ; vous me demandiez humblement pardon d'avoir été assez audacieux pour embrasser la barbe de mon bonnet et pour me prendre la taille ni plus ni moins que le plus oublié de mes valseurs de l'an passé !

Au lieu de répondre à Ursule, Gontran garda un moment le silence ; puis il lui dit avec un sourire contraint :

— Vous réunissez, sans doute, Madame ;

les qualités les plus rares ; vous avez certainement le droit de vous montrer difficile, dédaigneuse... Mais pourrait-on savoir au moins de quelles perfections inouïes, de quels surprenants avantages devrait être doué celui qui pourrait prétendre au bonheur inespéré de vous plaire ?

— Savez-vous, mon cousin, que vous êtes très fantasque ?

— Comment cela ?

— A l'instant même, vous me priez assez aigrement de ne plus vous mettre en question : et voici que vous recommencez de plus belle à parler de vous-même.

— Moi... au contraire...

— Me demander, avec une ironie si transparente, de quels dons surnaturels il faut être doté pour me plaire, n'est-ce pas me demander clairement pourquoi vous ne me plaisez pas du tout, vous qui réunissez tant de séductions irrésistibles ?... Eh bien... vous le voyez ; si je vous réponds, vous allez me reprocher encore, comme tout à l'heure, de changer un grave entretien en dissertations amoureuses...

— Non, non... nous reprendrons cet entretien... Mais, voyons, dites... Je suis très curieux de connaître l'idéal que vous avez rêvé.

— Mon idéal? à quoi bon, mon pauvre cousin! il en est de tous ces héros rêvés par les jeunes filles, comme des réponses préparées d'avance; l'on dit tout le contraire de ce qu'on voulait dire, et l'on adore tout le contraire de ce qu'on avait rêvé. Pourtant il est une première condition, sur laquelle je serais inflexible : celui que j'aimerais devrait être complètement libre; en un mot, garçon.

— Et pourquoi frapper les maris de cet implacable ostracisme?

— D'abord parce que je ne daignerais pas régner sur un cœur partagé ; ensuite il y a quelque chose de ridicule dans l'allure d'un mari galantin : c'est un être amphibie qui participe à la fois de l'écolier en vacances et du père de famille révolté; et puis, vous allez trouver cela stupide; mais il me semble qu'un mari galant ressemble toujours... à un prêtre marié...

— Le portrait n'est assurément pas flatteur — dit Goutran en se contenant à peine.

— Ainsi vous — reprit Ursule — vous par

exemple, mon cher cousin, vous avez ainsi perdu tout votre ancien prestige ; et encore, non, même garçon vous auriez en vous trop... et trop peu... pour me séduire. Oui, certainement. Car, après tout, qu'est-ce que vous êtes? un grand seigneur très aimable, très spirituel, d'une figure charmante et d'une irréprochable élégance. Or, entre nous, mon amour aurait des visées... ou plus hautes ou plus basses.

— En vérité, ma cousine, aujourd'hui vous parlez en énigme.

— En vérité, mon cousin, aujourd'hui vous êtes bien peu intelligent. Eh bien donc, oui, il me faut, à moi, un esclave ou un maître. Vous ne pouvez être ni l'un ni l'autre : vous n'avez ni le dévoûment naïf qui intéresse, ni la supériorité qui trouble et qui soumet... Qu'un être simple, bon, inoffensif, m'adorât, par exemple, avec l'idolâtrie opiniâtre du sauvage pour son fétiche, je pourrais ressentir pour cet être aveuglément confiant cette sorte de compassion affectueuse qu'on a pour un pauvre chien soumis, tremblant, qui ne vous quitte pas du regard ; qui lèche la main qui le frappe et qui est encore trop heureux de revenir en rampant servir de coussin à vos pieds lorsque, par colère ou par caprice, vous l'avez brutalement chassé... Mais si je rencontrais jamais un de ces hommes qui, par je ne sais quelle mystérieuse puissance, s'imposent en despotes du premier regard, avec quelle humble et tendre soumission je m'abaisserais devant lui! avec quelle idolâtrie, moi si impérieuse, je l'adorerais à mon tour! comme j'enchaînerais ma pensée, ma volonté, ma vie à la sienne! à genoux, toujours à genoux devant mon souverain, devant mon dieu, joie, douleur, espérance, désespoir, tout viendrait de lui... et retournerait à lui... Pour qu'il daignât seulement me dire *Viens*... je serais humble, résignée, lâche, criminelle, que sais-je?... Car la jalousie d'un tel amour peut arriver à la frénésie... à la férocité : tenez... à cette pensée, oh! à cette pensée, j'ai peur.

En disant ces derniers mots d'une voix brève, Ursule baissa son visage assombri et parut rêveuse.

Gontran était stupéfait.

J'étais épouvantée.

Après quelques moments de silence, Ursule passa la main sur son front comme pour chasser les idées qui semblaient l'avoir tristement préoccupée et dit en souriant à mon mari, qui la regardait presqu'avec stupeur : — Vous le voyez donc bien... vous ne pouvez être ni mon esclave ni mon maître. Nous ne pouvons qu'être amis, et encore ce serait difficile; vous êtes trop homme du monde pour me pardonner vos maladroites déclarations et votre insuccès près de moi. Tout bien considéré, il ne nous reste guère que la chance d'être ennemis à peu près irréconciliables. Ne trouvez-vous pas cette conclusion fort originale ? qui aurait dit que notre conversation devait prendre cette tournure-là ?

— Sans contredit, Madame — répondit machinalement Gontran, comme s'il eût encore été sous le coup de cet étrange entretien ; — sans contredit, cela est fort original. Mais alors puis-je vous demander pourquoi vous avez bien voulu nous consacrer quelque temps ?

Avec cette mobilité d'impressions qui la caractérisait, Ursule se mit de nouveau à rire aux éclats en regardant Gontran avec étonnement et s'écria :

— Ah çà! devenez-vous décidément fou, mon cousin? Est-ce déjà votre passion pour moi qui vous trouble la raison? Comment, vous voulez être le but incessant où tendent toutes mes pensées! Vous ne comprenez rien à mon voyage ici, parce qu'il n'a pas pour but de vous dire : *Je vous aime!* Mais rappelez donc vos esprits : ce n'est pas du tout à vous mais à ma chère Mathilde que je veux consacrer le temps que je passerai à Maran. Mon Dieu! quelle figure vous me faites! Que les hommes sont singuliers! Je vous aurais avoué que depuis longtemps je méditais le dessein perfide de vous enlever à votre femme que vous auriez trouvé cette indignité toute naturelle, tandis que vous voilà très contrarié de me voir respecter si scrupuleusement les lois sacrées de l'amitié que vous venez vous-même invoquer.

— Madame...

—Allons, allons, rassurez-vous, je ne veux pas me faire meilleure que je ne le suis; c'est beaucoup plus mon éloignement pour les gens mariés en général et mon peu de penchant pour vous en particulier qui me défend de toute mauvaise tentation... Sans doute j'aime Mathilde de tout mon cœur ; mais si une puissance irrésistible m'eût entraînée vers vous, malgré moi j'aurais trahi la confiance de ma meilleure amie... Après cela — reprit Ursule en souriant de ce rire sarcastique qui donnait à sa physionomie un caractère si insolent et si dédaigneux — j'offre des chances de combat égales ; je suis vulnérable aussi : moi aussi j'ai un mari... qu'on le séduise... C'est de bonne guerre ; mais assez de folies, comme cela, mon cher cousin. Maintenant, parlons raison, quel est ce *mot* que vous avez à me dire, et pourquoi me retenez-vous ici ? Mathilde s'impatiente et m'attend peut-être.

Gontran semblait poussé à bout par les railleries d'Ursule. Il lui répondit brusquement :

— C'est justement de Mathilde que je voulais vous parler, Madame ; quoique je sois un de ces êtres amphibies assez ridicules qu'on appelle *maris,* ma femme a pour moi un attachement profond, sincère, inaltérable.

— Et elle a parfaitement raison, et fait

preuve du meilleur goût ; je ne médis des maris que comme amants : hors ces prétentions-là, ils possèdent toutes sortes d'agréments... conjugaux ; et vous avez, vous, mon cousin, personnellement, tout le charme nécessaire pour plaire à votre femme.

— C'est parce que je désire continuer de plaire à ma femme, Madame, que je serais désolé de lui causer un chagrin violent, elle est assez jeune, assez aveuglée pour m'aimer passionnément, pour tenir à mon amour comme à sa vie... Mais comme elle n'a pas de ces confiances exorbitantes qui font croire qu'on ne peut manquer de nous adorer... comme elle est surtout remplie de la plus charmante modestie, elle redoute certaines comparaisons... sans doute très dangereuses ; et quoique je sois, je l'avoue humblement, un soupirant fort à dédaigner pour vous... elle veut bien craindre...

Ursule interrompit Gontran : — Toutes ces périphrases veulent dire que Mathilde est jalouse de moi, n'est-ce pas ? Voilà donc ce grand secret... Quelle bonne folie.

— J'ai eu l'honneur de vous dire, madame,

que rien n'était plus sérieux... Le repos de Mathilde m'est cher avant toutes choses...

— J'en suis convaincue... et vous pouvez, ce me semble, la rassurer mieux que personne, mon cher cousin ; quant à moi, je serais désolée de lui causer le moindre chagrin à votre sujet : ce serait impardonnable... je n'aurais ni le plaisir du remords... ni le remords du plaisir.

— Malheureusement, madame, Mathilde a plus que des soupçons, elle a des certitudes. Hier, après la curée sur la terrasse... elle a vu...

— Que vous avez embrassé mon bonnet ! mais c'est charmant... j'en suis ravie, j'ai justement une petite vengeance à tirer d'elle pour lui apprendre à croire aux apparences ; laissons-la un jour ou deux dans son erreur, et puis nous la détromperons, et je lui dirai : Voyez-vous, méchante cousine, qu'il faut ne jamais croire à ce qu'on voit !

— Ne pas détromper Mathilde, madame ! mais la malheureuse enfant en mourrait. Vous ne connaissez donc pas la noblesse, la candeur angélique de son âme... Vous ne savez donc

pas avec quelle sainte ardeur elle m'aime...
Oh! Mathilde n'est pas une de ces femmes
froidement railleuses, qui, parce qu'elles ne
sentent rien, affectent de mépriser des sentiments qu'elles sont incapables de comprendre
ou d'apprécier... Non... non... Mathilde n'est
pas de ces...

— De ces femmes abominables... de ces
monstres de perfidie, qui ont l'effronterie de
ne pas vouloir prendre pour amant le mari de
leur amie intime! — dit Ursule en interrompant mon mari et recommençant de rire aux
éclats...

Gontran semblait au supplice. Ursule continua :

— Mon Dieu, que vous êtes donc amusant!
et comme l'éloge de cette pauvre Mathilde
vient naturellement en aide à votre dépit contre mon insensibilité! Savez-vous qu'il ne fallait rien moins que mes dédains pour amener
enfin sur vos lèvres l'éloge de votre femme!

— Vous avez raison, madame — s'écria
Gontran mis hors de lui par ces sarcasmes. —
Je n'ai peut-être jamais mieux compris tout

ce que valait ce cœur adorable qu'en reconnaissant...

— A quel horrible cœur vous vouliez le sacrifier. Est-ce cela, mon cher cousin ? J'aime beaucoup à finir vos phrases, nous nous entendons si parfaitement ! Sérieusement, vous avez grandement raison de me préférer Mathilde : d'abord votre fidélité maritale me préservera de votre amoureuse insistance ; et puis, franchement, ma cousine vaut mille fois mieux que moi. N'est-elle pas bien plus belle ? ne compte-telle pas autant de qualités que je compte de défauts ? n'y aura-t-il pas toujours entre nous une distance énorme ? En raison même de son dévoûment, de ses vertus, n'est-elle pas fatalement destinée à éprouver les passions les plus sincères, les plus magnifiquement dévouées... et à ne les inspirer jamais... tandis que moi, j'aurai toujours, hélas ! l'affreux malheur de les inspirer...

— Sans les jamais ressentir, n'est-ce pas, madame ! — s'écria Gontran — Ah ! vous avez raison... Tenez, vous êtes une femme infernale... vous me faites peur...

Ursule haussa les épaules.

— Eh bien, oui, je serais une femme infernale pour ceux qui, je le répète, ne seraient ni mes esclaves, ni mes tyrans ; pour ceux-là, s'ils étaient assez fous ou assez présomptueux pour s'éprendre de moi, je serais sans merci, je les raillerais, je les mettrais dans les positions les plus ridicules, peut-être même les plus cruelles, selon mon caprice ! Plus ils montreraient d'opiniâtreté à m'aimer, plus j'en montrerais moi, à me moquer d'eux.

— Tenez, ma cousine — dit Gontran pour mettre un terme à un entretien qui lui pesait — vous déployez une telle vigueur d'esprit, une telle force de caractère, que je suis de moins en moins embarrassé pour arriver à ce que je voulais vous dire.

— Que voulez-vous me dire ?

— Qu'entre parents, entre amis, il est certaines choses qu'on peut s'avouer franchement. Je vous ai dit que Mathilde était jalouse de vous, qu'elle redoutait votre présence... et que... — Gontran hésita.

— Et qu'elle serait tranquille et rassurée si j'abrégeais mon séjour ici ?

— Excusez-moi, ma cousine, mais...

— Mon Dieu, rien de plus simple. Pourquoi ne pas m'avoir dit cela tout de suite? Pauvre et chère Mathilde, je regrette pourtant de la quitter sitôt; elle d'abord, puis je regrette vos chasses qui m'amusaient beaucoup; peut-être aussi je vous aurais même regretté, vous, si vous ne m'aviez pas parlé d'amour. C'est dommage pourtant... mais il n'y a rien à faire contre un soupçon jaloux... Il faudra seulement me donner quelques jours pour préparer et pour amener mon mari à ce changement de résolution si soudain; je m'en charge... Ah ça ! vous ne m'en voulez pas, mon cousin ?— dit Ursule en tendant la main à Gontran avec cordialité.

— Je ne vous en veux pas... mais, je vous l'avoue, jamais je ne me serais attendu à un pareil langage, à de pareilles idées de votre part... je crois rêver.

Ursule reprit avec son sourire ironique :

— Pour une jeune femme qui, en sortant de l'hôtel de Maran, est venue habiter une fabrique en province, vous me trouvez assez étrange, n'est-ce pas? vous n'y comprenez rien? Vous ne reconnaissez plus la pauvre victime, la femme incomprise qui écrivait de si larmoyantes élégies à cette pauvre Mathilde qui en pleurait et qui avait raison, car je pleurais moi-même en les écrivant, et quelquefois même je pleure encore...

— Vous... vous! pleurer...

— Certainement, quand le vent est à l'ouest, et qu'il y a dans l'air *ce je ne sais quoi qui fait qu'on se pend*, comme disait mademoiselle de Maran.

— Toujours mobile, toujours folle — dit Gontran.

— N'est-ce pas que je suis une drôle de femme? Je parle de tout sans rien savoir, je parle d'émotions de cœur sans les ressentir, j'ai toutes les physionomies sans en avoir aucune, je suis effrontée, moqueuse, inconséquente... Et pourtant, mon cousin, vous ne connaissez de moi que ce que j'en veux laisser connaître : en mal comme en bien, vous êtes encore à mille lieues de la réalité ; mais ce dont vous pouvez être certain seulement, c'est que je peux toujours ce que je veux fermement. Ainsi, par exemple, tenez : j'ai plus de physionomie que de beauté, plus de défauts que de qualités, plus de bavardage que d'esprit ; j'ai une fortune ordinaire, un nom ridicule... madame Sécherin, je vous demande un peu... madame Sécherin ! Eh bien ! malgré tout cela, je veux être, cet hiver, la femme la plus entourée, la plus à la mode de Paris, avoir la maison la plus recherchée, et faire tourner toutes les têtes en finissant par la vôtre. Maintenant adieu, mon cousin... je vais décider mon mari à partir le plus tôt possible... nous irons faire un petit voyage jusqu'à l'hiver.... Je vais retrouver Mathilde dans le parc ; je lui tairai notre entretien, bien entendu... Pauvre femme ! je la plains... pauvre divinité... Hélas ! quand on ne sait parler que le langage des anges, on court grand risque de se trouver ici-bas bien dépareillée. Somme toute, j'aime mieux mon sort que le sien... quoiqu'elle ait l'inqualifiable bonheur de vous avoir pour seigneur et maître ! — ajouta Ursule avec un sourire moqueur.

Elle sortit en faisant un petit signe de tête

à Gontran, et lui envoya du bout des doigts un gracieux baiser de l'air le plus malin.

Et puis j'entendis ma cousine fredonner, en s'en allant, un motif de Freischütz de sa voix fraîche et sonore.

## CHAPITRE III.

FRAYEURS.

Si j'avais un instant douté du changement extraordinaire que la maternité avait apporté dans mon esprit en le mûrissant tout-à-coup, en lui révélant un monde nouveau ; les idées, les terreurs qui s'éveillèrent en moi ensuite de l'entretien d'Ursule et de mon mari eussent suffi pour me prouver cette incroyable transformation.

Qu'on me pardonne une comparaison bien usée, bien vulgaire... un admirable instinct apprend à la pauvre mère qui veille sur sa couvée que le point noir, presque imperceptible, qu'on aperçoit à peine dans l'azur du ciel, est le vautour féroce son plus mortel ennemi.

De même, après la conversation d'Ursule et

de Gontran, je vis poindre le germe d'un nouveau, d'un terrible malheur dans cet entretien qui, en apparence, semblait devoir me rassurer.

Ma cousine n'aimait pas mon mari, elle raillait même dédaigneusement les galanteries dont j'avais tant souffert...

Avec une effronterie révoltante elle se montrait à lui telle qu'elle était... pire qu'elle n'était peut-être...

Elle avouait avec un superbe cynisme qu'elle ne pouvait être que lâche esclave de l'homme qui la dompterait... maîtresse hautaine de l'homme qui l'adorerait, et coquette impitoyable envers tous ceux qui ne ramperaient pas à ses genoux ou qui ne lui mettraient pas orgueilleusement le pied sur le front...

Elle avait dit encore à Gontran qu'elle ne l'aimerait jamais, parce que l'amour d'un mari était ridicule ; parce qu'il l'aimait, lui : et pourtant, par deux fois, elle lui avait jeté cet insolent défi — *Malgré vous, vous m'aimerez toujours...*

Avant que d'être mère je serais sortie de ma retraite, rayonnante de bonheur et de confiance ; je me serais jetée à genoux en disant : Merci, mon Dieu, vous avez permis que cette femme perfide, audacieuse, se montrât sans fard, dévoilât toute la bassesse, toute la méchanceté de son âme ! Un moment mon mari s'est laissé prendre à ses dehors séduisants ; mais maintenant il la connaît, mais maintenant il n'aura plus pour elle que mépris et qu'horreur. Quel homme, et Gontran plus que tout autre encore, ne sentirait pas au moins sa fierté révoltée en entendant cette femme lui parler si dédaigneusement !

Comment lui Gontran, lui si beau, si séduisant, lui gâté par tant de succès, par tant d'adorations, irait non pas aimer mais s'occuper seulement d'une femme qui oserait lui dire : Je ne vous aime pas, je ne vous aimerai jamais, et je vous défie de ne pas m'aimer...

Oui, encore une fois, j'aurais remercié Dieu; le calme, le repos, fussent pour longtemps rentrés dans mon cœur.

Mais, hélas! je l'ai dit, en une nuit j'avais, je ne sais par quelle intuition, acquis la triste sagacité, la désespérante sûreté de jugement que les années peuvent seules donner.

Je crois fermement que cette sorte de prescience m'était venue soudainement parce qu'elle pouvait me servir à défendre l'avenir de mon enfant. Hélas! mon Dieu, j'étais bien jeune encore, jamais je ne m'étais appesantie sur les tristes misères de l'esprit humain, il fallait une puissance surnaturelle pour me faire pénétrer ce tissu d'horribles pensées.

Je croyais au bien jusqu'à l'aveuglement ; je n'avais pas idée de ces passions dépravées, qui, au lieu de rechercher ce qui est pur, noble, salutaire et possible, sont au contraire honteusement aiguillonnées par l'attrait de la corruption, du cynisme, de l'impossible.

Pouvais-je soupçonner qu'un homme, par cela même qu'une femme sans mœurs lui dirait : Je ne vous aime pas, je ne vous aimerai jamais!... que pour cela même cet homme dût adorer cette femme avec frénésie!

Non... non, mon Dieu, on m'eût dit que le cœur humain était capable de ces énormités que je l'aurais nié, que j'aurais pris cela pour un blasphème.

Par quel mystère pourtant... moi jusqu'alors si heureusement ignorante de ces misères, avais-je donc deviné, avais-je donc senti, oui physiquement senti à un atroce déchirement de mon cœur, que Gontran allait de ce moment aimer cette femme, non-seulement plus qu'il n'avait aimé ses premières maîtresses, non-seulement plus qu'il ne m'aimait... mais plus qu'il n'aimerait jamais?

Quelle voix secrète me disait que cette passion fatale serait la seule, la dernière passion de sa vie?

Quelle voix me disait que les hommes les plus légers, les plus blasés, lorsqu'ils se prennent à aimer et surtout à aimer sans espoir une femme perdue, aiment souvent avec une violence effrayante?

Comment avais-je senti qu'Ursule dans son manége infernal avait mis en jeu les passions les plus irritantes de mon mari en lui disant : — Vous êtes beau, vous êtes charmant, vous êtes habitué à plaire, et pourtant je me raille de vous, et pourtant vous m'aimerez, et cet amour sera pour moi une inépuisable raillerie... pour vous un inépuisable chagrin !

Et ce n'était pas encore assez pour cette femme. Comme il lui fallait aviver, exalter l'amour de Gontran en allumant sa jalousie, elle a voulu lui prouver qu'elle ne serait pas pour tous froide, méprisante, moqueuse, comme elle l'était pour lui.

Aussi voyez... voyez... avec quelle ardeur passionnée, délirante, elle lui peint alors l'émotion foudroyante qui bouleversera sa raison et ses sens à la seule approche de l'homme qu'elle aimerait...

A ces mots empreints d'un délire brûlant et sensuel, voyez comme son regard s'est perdu, comme sa joue a rougi, comme son sein a battu...

Et lorsqu'elle parlait de son idolâtrie pour l'homme qui la dominerait en tyran, avec quelle grâce humble, soumise, elle courbait son front charmant ! Comme on la voyait agenouillée, les mains jointes, implorant un sourire de son maître en attachant sur lui ses grands yeux bleus noyés de langueur, de tristesse et d'amour...

Hélas !... hélas ! il fallait que la séduction de cette femme fût bien puissante, bien irrésistible, pour que moi, moi sa rivale, moi mère, moi qui avais cette créature en horreur, j'aie senti, j'aie compris qu'en ce moment non-seulement Gontran, mais tout homme, peut-être, devait devenir éperdûment amoureux d'Ursule, tant il y avait en elle de fascination et de charme !

Non, non, Dieu ne me trompait pas en me donnant ces épouvantables pressentiments! En me montrant le formidable orage qui se formait à l'horizon, il voulait, dans sa miséricorde infinie, qu'une pauvre mère seule et faible pût, sinon éviter, du moins conjurer peut-être les affreux malheurs qui la menaçaient.

Je me sentis presque défaillir lorsque je sortis du cabinet où j'étais restée cachée.

Je trouvai Gontran assis dans un fauteuil, le regard fixe, les bras croisés sur sa poitrine, dans l'attitude de la réflexion et de la stupeur.

Je fus obligée de m'appuyer légèrement sur son épaule pour le rappeler à lui-même...

Il releva vivement la tête, et me dit ces seuls mots avec une expression profonde et concentrée :

— Quelle femme !... quelle femme !... Oh !

il faut qu'elle parte, Mathilde. il faut qu'elle parte !

Ces paroles confirmèrent mes soupçons.

Dans la bouche de Gontran, lui toujours si maître de lui, ils avaient une signification effrayante ; il aimait cette femme ou il craignait de l'aimer.

Une idée que j'accueillis d'abord comme une inspiration divine, me poussait à apprendre à Gontran ce que je savais de la liaison d'Ursule avec M. Chopinelle ; ce dernier ayant sans doute été rangé par elle dans la catégorie des esclaves.

D'abord je ne doutai pas que le dépit d'avoir échoué là où un homme si ridicule avait réussi, ne dût inspirer à Gontran un invincible éloignement pour Ursule ; peut-être Gontran eût-il attaché d'autant plus de prix à la conquête d'Ursule, qu'il aurait cru être son premier amour.

Je voulais aussi apprendre à mon mari avec quelle fausseté, avec quelle perfidie Ursule avait amené la rupture de M. Sécherin et de sa mère... J'allais tout dire, lorsque j'hésitai ; je me demandai si ces révélations n'irriteraient pas encore davantage la passion de Gontran, si sa vanité ne serait pas encore plus excitée par le dépit d'être moins bien traité qu'un provincial ridicule.

Et puis il pouvait croire Ursule vertueuse, malgré les théories effrontées qu'elle affichait, et se résigner plus facilement à n'être pas aimé d'elle, en songeant que personne n'avait été plus heureux que lui... Mais je craignis que cette dernière conviction ne prêtât peut-être plus d'attraits encore à ma cousine.

Agitée par tant de perplexités, je me résignai à attendre l'inspiration du moment.

Mon mari était retombé dans une sorte de rêverie...

Je lui pris la main, je la serrai tendrement en lui disant :

— Merci... merci, mon noble Gontran, vous m'aviez dit vrai. Enfin Ursule va partir, et nous serons heureux et tranquilles.

Gontran sourit avec amertume et me répondit :

— Vous avez dû être bien contente de me

voir ainsi traité par Ursule? cela doit vous rassurer, je l'espère.

Ne voulant pas laisser entrevoir mes craintes à Gontran, je lui dis :

— Sans doute, mon ami, je suis rassurée ; mais je ne vois pas en quoi ma cousine vous a si mal traité... Elle plaisantait, d'ailleurs...

— Elle plaisantait?... Et lors même qu'elle aurait plaisanté, n'était-ce pas me traiter avec le dernier mépris?... De ma vie... non, de ma vie... je n'ai été si insolemment joué ; je restais là comme un sot, sans trouver une seule parole. Quelle audace! quel cynisme!

— Mais, Gontran, il me semble que ce qu'Ursule vous a dit de plus cruel est qu'elle ne vous aimerait jamais et qu'elle vous défiait de ne pas l'aimer.

— Eh bien ! n'est-ce rien que cela?

— Mais cela n'est rien puisque vous m'aimez, Gontran... Votre tendresse pour moi vous empêche de ressentir de l'amour pour elle, il doit vous être indifférent qu'elle ne vous aime pas.

— Sans doute, sans doute, vous avez raison... Ma pauvre Mathilde, je vous aime... oh!

oui, je vous aime... Vous êtes bonne, généreuse, vous!... vous avez du cœur, de l'élévation, de la grandeur d'âme, tandis que votre consine... Je vous le demande : qu'a-t-elle donc pour plaire, après tout? un minois chiffonné, une taille accomplie, il est vrai, un très joli pied, de grands yeux tour à tour effrontés ou langoureux, un persifflage impertinent, un grand fond d'impudence... mais ni cœur, ni âme... Avec cela, comédienne et fausse à faire frémir... Plus j'y pense, moins je peux revenir de mon étonnement. Vous seriez-vous attendue à cela d'elle? toujours en apparence si mélancolique, si doucereuse? Certes, j'ai vu des femmes bien hardies, bien... rouées, passez-moi le terme, mais jamais je n'ai rien rencontré de pareil : j'en étais abasourdi... Ah! que j'aimerais à mater, à dominer un tel caractère! avec quel bonheur je lui rendrais alors dédain pour dédain, sarcasme pour sarcasme! s'écria involontairement mon mari.

Je cachai mon visage dans mes mains, je fondis en larmes sans dire un mot.

Je n'en pouvais plus douter, Ursule avait frappé juste.

Gontran était si préoccupé par ses pensées, qu'il ne s'aperçut pas de mes larmes.

Il se leva brusquement, et continua en marchant à grands pas :

— Oh! je conçois bien qu'un homme soit sans pitié quand il parvient à maîtriser l'un de ces caractères hautains et insolents... Alors avec quel bonheur on humilie, on outrage même, car elles le méritent, ces créatures jusque-là si orgueilleuses ! — Puis il reprit avec un éclat de rire forcé : — Mais c'est à mourir de rire, ces prétentions-là !... madame Sécherin! je vous le demande un peu, madame Sécherin qui veut être à la mode, qui veut avoir la meilleure maison de Paris et se moquer de tout le monde. Ah! ah! ah!... c'est, sur ma parole, fort divertissant... Est-ce que vous ne trouvez pas cela fort plaisant?... Mais, qu'avez-vous ? vous pleurez... Mathilde!

— Ah! Gontran, cet entretien nous sera fatal.

— Que voulez-vous dire?

— Il n'y a pas un mot d'Ursule qui n'ait laissé du dépit, de l'amertume dans votre cœur...

— Du dépit! de l'amertume! parce que madame Sécherin dit que je n'ai pas le bonheur de lui plaire! Ah çà, ma chère amie, à quoi pensez-vous? Pour qui me prenez-vous? Je n'ai pas grand'vanité; mais je ne crois pas que mon mérite souffre une grave atteinte du dédain de madame Sécherin. Ce qui me paraît seulement d'une bouffonnerie excellente, c'est cette prétention de sa part de me rendre amoureux d'elle... Ma pauvre Mathilde, je vous ai fait ma confession; vous avez vu que je vous avais dit vrai : je trouvais Ursule assez gentille, j'ai été, par galanterie, entraîné un peu plus loin que je ne l'aurais voulu... Mais ça n'a jamais été qu'un caprice, assez vif de ma part. Il n'y a rien dans cette femme-là, rien, absolument rien... Amoureux d'elle, moi! Je plains bien les malheureux assez sots pour se laisser prendre à ses filets... Amoureux d'elle! mais ce serait l'enfer!... Avec un tel caractère... amoureux d'elle... moi!... moi!...

Puis Gontran, par un brusque retour, me

dit avec une expression, hélas! qui me parut distraite et forcée :

— Moi! amoureux d'elle! comme si je n'avais pas près de moi mille fois mieux qu'elle... comme si je n'avais pas la meilleure, la plus dévouée des femmes... un ange de douceur et de bonté!... Pauvre Mathilde!... comment avez-vous pu craindre un instant la comparaison?... vous... vous...

Et il retomba dans une sorte de rêverie.

Les derniers éloges qu'il me donna me firent un mal horrible.

Ils me rappelèrent ces odieuses paroles d'Ursule à mon mari : « Il faut que je vous té-
« moigne de mon dédain pour que vous pen-
« siez à vanter votre femme. »

Ma cousine avait raison, les louanges que me donnait Gontran lui étaient arrachées par le dépit.

En me mettant au-dessus de ma cousine, il pensait plus à la blesser qu'à me flatter.

— Le plus important pour nous — dis-je à mon mari — c'est qu'Ursule quittera Maran sous très peu de jours; elle décidera facilement M. Sécherin à partir.

— Sans doute, saus doute, qu'elle parte ; le plus tôt sera le mieux.

— Mon ami — dis-je à Gontran après un moment de silence — permettez-moi de vous parler en toute franchise.

— Je vous écoute, ma chère amie.

— Ne trouvez-vous pas étrange que cet entretien, qui aurait dû me rassurer complètement, puisqu'il vous justifiait à mes yeux, produise sur vous et sur moi un effet contraire ?

— Comment cela ? Je ne vous comprends pas.

— Ursule a dit qu'elle ne vous aimait pas, qu'elle ne vous aimerait jamais ; que vos galanteries étaient sans conséquence, et qu'elle partirait le plus tôt possible... Et pourtant, vous le voyez, je pleure... Et pourtant vous ne pouvez cacher votre agitation.

— Eh ! mon Dieu ! — s'écria Gontran avec impatience... c'est tout simple... Vous pleurez... parce que vous pleurez de rien... Je suis agité parce qu'il est de ces choses qui, malgré soi, blessent l'amour-propre... Que prétendez-vous conclure de cela ? Allez-vous vous faire l'écho d'Ursule, et dire comme elle que je suis ou que je serai amoureux d'elle ? C'est absurde ; seulement je vous avoue qu'elle m'a impatienté, je ne suis pas habitué à être raillé de la sorte : voilà tout. Il y a mille manières de dire les choses. Elle m'aurait dit tout simplement : J'ai été un peu coquette pour vous, oublions cela ; restons bons amis : si ma présence excite la jalousie de Mathilde, je partirai... rien de mieux ; mais à quoi bon cette profession de principes... et quels principes ! A quoi bon me dire effrontément que, si je ne lui plais pas d'autres lui plairont peut-être ?... A quoi bon exprimer d'une manière si passionnée, pour ne pas dire plus ! l'ivresse qu'elle éprouverait dans telle ou telle occasion ?... femme incompréhensible ?... C'est que, dans ce moment-là, elle avait l'air véritablement émue... En vérité, je m'y perds... c'est une énigme... Mais qu'un autre que moi s'amuse à en chercher le mot... je lui souhaite bien du plaisir ! Après cela, une volonté de fer... elle a voulu apprendre à monter à cheval, et elle y monte à merveille ; elle s'est mis dans la tête d'être, l'hiver prochain, une femme à la mode, elle est bien capable d'y réussir : elle a tout ce qu'il faut pour cela...

— Vous pensiez tout à l'heure le contraire, mon ami ; vous disiez que c'était, de sa part, une prétention ridicule.

— Ah ! mon Dieu, ma chère... si vous venez sans cesse épiloguer mes moindres paroles, cela devient insupportable — dit mon mari en frappant brusquement du pied. — Je vous parle en toute confiance, en toute sécurité, ne cherchez pas dans mes paroles autre chose que ce que je dis.

Je regardai Gontran avec un étonnement douloureux.

— Mon ami, je vous ferai une seule observation.., Depuis la fin de cet entretien, vous m'avez sans cesse parlé d'Ursule et vous n'avez pas eu la moindre pensée pour notre enfant...

Mon mari passa les mains sur son front et s'écria avec émotion.

— Pauvre et excellente femme... c'est vrai, pourtant, ah ! c'est mal, bien mal, pardon, Mathilde... Tiens ces seuls mots de toi me rappellent à mes devoirs, à mon amour ; ces seuls mots me calment et me consolent d'une

sotte et ridicule blessure d'amour-propre. Eh
bien! oui, pardonne-moi ce dernier éclair d'orgueil. Oui, je me suis senti malgré moi un peu
piqué de n'avoir pas fait la moindre impression sur Ursule ; sais-tu pourquoi ? parce que
le sacrifice que j'aurais eu à te faire eût été
plus grand. Crois-moi, rien ne me sera plus facile que d'oublier cette femme diabolique... tu
as raison, mon ange bien-aimé ; notre enfant...
pensons à notre enfant. Entre cette douce espérance et mon amour pour toi, pour toi désormais bien rassurée sur moi, le bonheur
nous sera facile. Pardon encore d'avoir pris à
cœur les sarcasmes d'Ursule ; mais c'est qu'aussi elle me raillait à vos yeux, et, je ne vous le
cache pas, Mathilde, je suis très fier de moi
depuis que je suis à vous. Pourtant, comme,
après tout, vous m'aimez toujours autant,
n'est-ce pas ? nous ne penserons plus à cette
scène ridicule que pour nous moquer de moi-
même ; ou mieux, parlons de notre enfant :
ces douces causeries seront notre refuge assuré contre toutes ces pensées mauvaises.

L'arrivée d'un de nos fermiers qui voulait
parler à mon mari termina cet entretien.

Gontran sortit.

Mon premier mouvement fut d'être charmée des douces paroles qu'il venait de me dire avec sa grâce habituelle : puis il me sembla que son accent avait été nerveux, saccadé ; que ses regards n'étaient pas d'accord avec son langage.

On eût dit qu'il voulait s'étourdir sur sa situation, ou me rassurer par quelques mots de tendresse.

Cependant il y avait quelque chose de touchant, de pénétré dans son accent.

Néanmoins, plus je réfléchis à l'impression qu'Ursule avait faite sur lui, plus je crus à un danger imminent.

Quelques jours auparavant j'aurais pleuré, pleuré, puis tenté quelques plaintes timides et stériles ; mais, appelée à de nouveaux devoirs, je voulus changer complètement de conduite.

Je compris que je devais craindre la violence des chagrins, leur réaction pouvait être fatale à mon enfant ; je me promis donc de tâcher désormais de ne jamais m'affliger pour des vanités, de me roidir contre ma susceptibilité, de m'endurcir contre les souffrances morales, et d'être, si cela se peut dire, extrêmement *sobre* de douleurs.

Les circonstances présentes devaient mettre ma nouvelle résolution à une rude épreuve.

J'essuyai mes larmes, je songeai froidement à ma position.

De ce moment, pour n'être plus écrasée sous les débris de mes espérances, j'envisageai bravement la vie sous les couleurs les plus sombres.

Je ne m'abuse pas sur la cause de cette courageuse résolution, je possédais un trésor de bonheur et d'espérance que rien au monde ne pouvait me ravir.

Quel que fût l'avenir, mon enfant me restait : car j'avais la conviction profonde, inébranlable, que Dieu m'avait envoyé cette suprême consolation dans mes chagrins, comme une religieuse récompense de mon dévoûment à mes devoirs.

Cette foi aveugle à la protection divine m'empêcha d'avoir jamais la moindre frayeur sérieuse sur la vie future de ce petit être qui doublait ma vie, qui devait me faire oublier bien des souffrances.

Je me traçai un plan de conduite avec la ferme résolution de n'en pas dévier.

Huit jours suffisaient à Ursule pour décider son mari à quitter Maran ; si au bout de huit jours elle n'était pas partie, si d'ici là j'acquérais la conviction que ses dédains affectés n'étaient qu'une perfide manœuvre de coquetterie, j'étais résolue de suivre les conseils de madame de Richeville.

Une fois seule avec Gontran, j'espérais par ma tendresse, par l'intérêt que devait lui inspirer l'état dans lequel je me trouvais, j'espérais, dis-je, chasser Ursule de sa pensée.

Sinon, si son amour pour elle grandissait avec les obstacles ; si je succombais après avoir lutté contre la détestable influence de cette femme, de toutes les forces de mon amour, de mon dévoûment, je succomberais du moins avec dignité : mon enfant me resterait, et je vivrais pour lui seul.

Il m'est impossible de dire le calme, la confiance, que me donna cette résolution.

Je n'avais plus, comme par le passé, de ces effrois vagues, de ces douleurs sans but et sans bornes.

C'est qu'autrefois... l'amour de Gontran perdu... il ne me restait rien, rien qu'un désespoir immense ; rien qu'une vie misérable et stérile ; rien que quelques pâles souvenirs qui devaient rendre, par comparaison, le présent plus cruel encore.

Je m'agenouillai pour remercier Dieu de ne m'avoir pas endormie dans une fatale confiance

Sans vouloir descendre à un honteux espionnage, je me promis de tout observer attentivement, de ne rien omettre de ce qui pouvait m'éclairer.

## CHAPITRE IV.

MADEMOISELLE DE MARAN.

Le lendemain de cette scène, quel fut mon étonnement de recevoir un mot fort bref de mademoiselle de Maran! elle m'annonçait qu'elle arriverait en même temps que sa lettre, et qu'elle m'apprendrait elle-même la cause de sa venue.

On eût dit en vérité que cette femme, avertie par un secret instinct des nouveaux chagrins qui m'accablaient, venait pour jouir de mes tourments.

Si j'avais moins connu mademoiselle de Maran, je me serais étonnée de l'audace de sa visite en me rappelant que la dernière fois que je l'avais vue, elle n'avait pas dissimulé la haine qu'elle me portait.

Sa rencontre avec Ursule m'effrayait encore.

Si elle avait méchamment espéré, prévu, calculé que tôt ou tard Ursule, se trouvant pour ainsi dire mêlée à ma vie, me serait un jour hostile, elle devait être satisfaite et pouvait devenir une utile alliée pour ma cousine.

Je réfléchissais avec amertume que le monde était ainsi fait, qu'on était obligé de recevoir, d'accueillir chez soi ses ennemis les plus mortels, sous le prétexte de parentés ou de liaisons qui rendent leur animosité plus odieuse encore.

Je fis part à Gontran de la prochaine arrivée de ma tante.

Il accueillit cette nouvelle avec assez d'indifférence.

Je ne partageais pas sa quiétude. Un tel voyage était si en dehors des habitudes de mademoiselle de Maran, qui n'avait pas quitté Paris depuis quinze ans, que je lui soupçonnais quelque grave motif.

Environ vers les deux heures, ma tante arriva accompagnée de Servien, d'une de ses femmes, d'un valet de pied qui lui servait de courrier, et d'un chien-loup successeur de Félix.

Nous allâmes recevoir mademoiselle de Maran au perron du château.

Elle descendit assez lestement de voiture et n'était nullement changée : elle portait toujours sa robe et son chapeau de soie carmélite.

Malgré mes tristes préoccupations, je ne pus m'empêcher de sourire de surprise en voyant la capote de mademoiselle de Maran décorée d'un nœud tricolore; le chapeau de Servien portait une énorme cocarde aux mêmes couleurs patriotiques.

Ma tante s'aperçut de mon étonnement, et s'écria en entrant dans le salon :

— Ça vous interloque, n'est-ce pas? de ce que je ne vous ai pas encore entonné la *Marseillaise*, *Ça ira* ou la *Parisienne*, autre complainte patriotique, démagogique, emblématique et Orléanique qui vaut bien les autres bucoliques de la République... Dites donc, citoyen et citoyenne, je vous fais l'effet d'une fameuse *tricoteuse* ou *vainqueuse* de juillet avec mes rubans tricolores, n'est-ce pas? Vous croyez peut-être que je viens vous annoncer mon mariage avec M. de Lafayette, pour la première sans-culotide de frimaire... par-devant l'autel de la Patrie ? Eh bien ! vous vous trompez ; tenez, les voilà sous mes pieds, ces beaux rubans tricolores, les voilà au feu — dit ma tante en arrachant de son chapeau le nœud, et en le jetant dans la cheminée après avoir marché dessus avec une rage comique.

— A merveille, Madame — dit Gontran en riant aux éclats — je vous croyais ralliée.

— Comment, ralliée ? Ah ça ! est-ce que vous prétendez vous moquer de moi, monsieur de Lancry ? Figurez-vous donc que si j'ai consenti à m'attifer de ces exécrables couleurs qui puent le peuple, l'empire et la guillotine, c'était pour voyager tranquille.

— Et votre royalisme ne s'est pas révolté de cette concession, Madame ? — dit Gontran.

— Est-ce que mon royalisme a quelque chose à voir là-dedans ? Est-ce qu'on regarde aux moyens de salut quand ils sont bons ? Du temps du citoyen Cartouche et du citoyen Mandrin, est-ce que je me serais fait faute d'user d'un sauf-conduit de ces messieurs pour pouvoir traverser leurs bandes sans danger ? Eh bien !

cette abominable cocarde et ce passeport timbré d'un imbécile de coq gaulois qui m'a tout l'air d'un gras citoyen du Maine, ne sont que des sauf-conduits... j'en use, mais je les méprise... vous comprenez ?

— Parfaitement, Madame ; mais à quel heureux hasard devons-nous votre bonne visite ?

— Figurez-vous donc, mon pauvre garçon, qu'ils vont juger, c'est-à-dire condamner ces malheureux ministres ; il y a des émeutes tous les jours à Paris : on parle de piller les hôtels ; de faire un second 93. J'ai fourré mon argenterie dans une cachette que le diable ne déterrerait pas ; j'apporte mes diamants et cinq mille louis dans le double-fond de ma voiture, et je viens attendre ici les évènements. Si ça se calme, je retourne à Paris ; si ça augmente, j'émigre en Angleterre encore une fois : mais, quant à présent, Paris n'est plus tenable. Toute ma société s'est effarouchée et envolée, il y avait bien de quoi. Les uns ont suivi ce pauvre bon vieux roi et madame la Dauphine ; les autres vont en Vendée attendre *Madame*, et, Dieu merci, ils donneront longtemps du fil à retordre à ces nouveaux *bleus :* les autres, enfin, ont fait un sauve-qui-peut qui en Italie, qui en Allemagne, comme du temps de la première révolution. Ma foi ! je m'ennuyais à Paris, lorsque, pour changer, la peur est venue me talonner ; c'est ce qui me procure le bonheur de venir vous embrasser, mes chers enfants. J'aime tant à contempler votre joli petit ménage, ça me réjouit le cœur ; je me dis en le voyant : C'est pourtant grâce à moi que ces deux cœurs si bien faits l'un pour l'autre sont unis par une chaîne fleurie. Ah !... ah !... ah !... mais voyez donc l'effet de la campagne... je parle déjà comme une églogue... Où sont donc vos pipeaux, s'il vous plaît, beau Sylvain ? Je voudrais chanter votre bonheur sur la double flûte des bergers d'Arcadie !

La gaîté de mademoiselle de Maran m'effrayait ; son rire aigre et strident annonçait toujours quelques méchancetés.

Selon son habitude, ma tante avait, en entrant, mis ses lunettes, quoiqu'elle n'eût ni à lire, ni à travailler ; mais elles lui servaient, pour ainsi dire, à cacher son regard : à l'abri de leurs verres, elle pouvait observer à son aise sans être remarquée.

Je m'aperçus que, tout en causant, elle examinait attentivement la physionomie de mon mari et la mienne.

— Et Ursule — dit mademoiselle de Maran, — avez-vous de ses nouvelles?

— Elle est ici depuis quelques jours avec son mari, Madame — lui répondis-je.

— C'est-y possible? Comment! nous sommes donc tout-à-fait en famille? Mais voyez donc comme j'arrive à propos. Mais où est-elle donc, cette chère fille?

— Elle se promène avec M. Sécherin; elle va bientôt rentrer, je l'espère — dit Gontran.

— Elle se promène avec son mari! — s'écria mademoiselle de Maran, — et je vous trouve ici avec votre femme, Gontran! Mais c'est la terre promise des ménages que cet endroit-ci, mais c'est pharamineux, mais c'est une manière de vie patriarcale tout-à-fait attendrissante... Elle se promène seule avec son mari! comme c'est bien à elle; car il est bête comme une oie, son mari, et il a autant de conversation qu'une autruche... Mais, dites donc, mes enfants, est-ce qu'ils s'accordent toujours entre eux la mignarde et touchante réciproque de Bolloto et de Gros-Loup ?

— Vous trouverez Ursule fort changée, Madame — dis-je à mademoiselle de Maran en souriant avec amertume.

— Changée ! est-ce qu'elle n'est plus jolie comme autrefois ?

— Si, Madame, elle est toujours charmante, mais son caractère s'est développé ; elle est maintenant beaucoup moins mélancolique.

— Ah ! ah ! ah !... je ris malgré moi — dit mademoiselle de Maran — en pensant combien ma partialité pour vous m'aveuglait, Mathilde... Vous souvenez-vous comme je grondais toujours Ursule à tout propos, comme je la trouvais laide ! je puis bien vous dire cela maintenant, mes enfants. Eh bien ! c'était une affreuse injustice : je la trouvais, au contraire, spirituelle, charmante ; et même, on peut dire ça devant un mari, parce que les maris en disent bien d'autres lorsque leurs femmes ne sont pas là... eh bien ! je trouvais à Ursule plus de physionomie, plus de gentillesse qu'à vous, ma chère Mathilde... C'était pourtant par amour pour vous et pour vous louer aux dépens de votre cousine, que je faisais ces affreux mensonges-là. Étais-je fausse, hein! c'est-à-dire; étais-je bonne! car, moi, lorsque l'attachement m'emporte, je suis capable de tout... Ah çà! dites donc, chère petite, n'allez pas, après cela, vous figurer que vous êtes moins belle qu'Ursule, au moins; vous l'êtes mille fois davantage, sans contredit. Elle ne peut pas lutter avec vous pour la régularité des traits; mais elle a ce je ne sais quoi, ce montant, ce piquant, cet entrain qui tourne la tête de ces garnements-là.

Et elle me montra Gontran en riant aux éclats... Puis, se penchant à mon oreille, elle me dit à mi-voix toujours en riant :

— Ah çà! est-ce que vous n'en êtes pas jalouse, de cette diablesse d'Ursule? Défiez-vous de ces sœurs *sainte-n'y touche* qui ont des sourires de Madelaines repentantes et des regards de Vénus Aphrodite!

Ma tante aurait calculé chacune de ses paroles avec la méchanceté la plus réfléchie, qu'elle ne m'aurait pas blessée plus cruellement.

Cette circonstance me fit croire qu'il y avait

des *hasards* pour les caractères odieux, comme pour les caractères généreux.

Les uns comme les autres sont souvent servis par d'étranges fatalités.

Gontran lui-même, malgré son sang-froid, fut aussi interdit que moi des tristes plaisanteries de mademoiselle de Maran, il ne put que balbutier avec un sourire forcé :

— Croyez-vous donc, Madame, qu'il me soit possible d'être infidèle à ma chère Mathilde! Ne sommes-nous pas, comme vous l'avez dit, le modèle des bons ménages !

— Est-ce que vous ne voyez pas que je plaisante, vilain libertin? Je voudrais bien apprendre que vous lui fussiez infidèle... A la campagne, ça n'aurait pas d'excuse ; à Paris, c'est différent : l'enivrement du monde, *l'occasion... l'herbe tendre...* Comme qui dirait la belle princesse Ksernika... Mais, ici, fi donc, fi donc... Pauvre chère petite... Vous qui avez été toujours si bien pour Gontran... Tenez à l'endroit de cet abominable Lugarto par exemple...

Je pâlis. Gontran se redressa comme s'il

avait été mordu par un serpent, et dit à mademoiselle de Maran.

— De grâce, madame, ne parlons plus de cela... Ne me rappelez pas une scène pénible...

— Comment ! que je ne parle pas de cela ! affreux ingrat que vous êtes ! Je vous dis que j'en parlerai moi... j'en veux rabâcher... Trouvez donc, s'il vous plaît, une femme qui, pour charmer le créancier de son mari, s'expose à se perdre de réputation ! Mais c'est tout bonnement sublime, cela, mon cher ami.

— Madame — s'écria Gontran — c'est une infâme calomnie ; à la face de tous, je l'ai dit tout haut à ce misérable.

— Eh mon Dieu ! je le sais bien, que c'est une calomnie, mes pauvres enfants, je sais bien que Mathilde est innocente et pure comme le jeune cygne qui sort de sa blanche coquille, mais...

Je vis où tendait la conversation que voulait engager mademoiselle de Maran, je l'interrompis et je lui dis avec une fermeté qui l'étonna comme elle étonna Gontran :

— Vous nous avez fait, madame, l'honneur de venir nous voir, nous ne pouvions nous attendre à cette visite ; nous serons toujours très heureux de vous posséder, nous n'oublierons jamais que cette maison a appartenu à votre frère, nous ferons tout pour vous y recevoir de notre mieux ; mais il nous est permis d'espérer, madame, que vous ne prendrez pas à tâche d'éveiller de bien douloureux souvenirs pour moi et pour mon mari.

— Mais, ma chère...

— Mais, madame — repris-je d'une voix plus haute et interrompant encore mademoiselle de Maran — mais, madame, puisque vous avez oublié les motifs qui semblaient devoir à jamais empêcher un rapprochement aussi intime entre vous et moi, il nous est du moins permis d'espérer qu'il ne sera pas dit un mot de ces calomnies odieuses dont vous vous faites l'écho ; je crois que ce n'est pas solliciter un trop grand sacrifice de votre part... Si vous nous accordez cette grâce, madame, nous vous serons très reconnaissants ; et vous trouverez peut-être quelque plaisir à voir unis et heureux ceux qu'involontairement, sans doute, vous eussiez aigris et divisés...

Mon sang-froid, mon calme firent sur mademoiselle de Maran et sur Gontran un effet singulier et inattendu.

Ma tante, après quelques moments de silence, reprit avec ironie en regardant Gontran :

— C'est donc maintenant Mathilde qui dit, *nous?* Comment, mon pauvre vicomte, l'autorité est tombée de lance en quenouille?

Mathilde parle un peu pour moi et beaucoup pour elle, madame, — dit Gontran. — je me joins à elle pour vous prier d'oublier des événements qui nous attristent; mais je ne me permets pas de mettre des conditions à votre séjour ici — ajouta Gontran en me regardant sévèrement.

Quoique je ne m'attendisse pas à voir mon mari prendre presque le parti de mademoiselle de Maran contre moi, je ne me laissai pas abattre. Satisfaite d'une fermeté de langage qui me surprenait moi-même :

— Je ne mets de conditions qu'à ma présence ici, madame; j'ai eu l'honneur de vous dire que je me souviendrais toujours que vous êtes la sœur de mon père, et que vous êtes ici chez M. de Lancry. S'il m'était malheureusement impossible d'accepter certaines plaisanteries, je vous prierais d'excuser mon départ : M. de Lancry voudrait bien se charger de vous faire les honneurs de Maran, et je partirais, dis-je, à l'instant pour Paris.

Je m'étais exprimée avec tant de résolution que mademoiselle de Maran s'écria :

— Ah çà ! c'est qu'elle le ferait comme elle le dit ; mais, je ne reconnais plus votre femme, mon pauvre Gontran, qu'est-ce qu'il y a donc ?

— Il y a, madame, que j'ai *besoin* de ne plus souffrir, que je suis décidée à éviter tous les chagrins que je pourrai désormais éviter

— Peste ! vous n'êtes pas dégoûtée, chère petite : ah çà ! vous voulez vous dorloter, vous soigner, ce me semble.

— Oui, madame... j'ai besoin de me *soigner*, comme vous dites.

Malgré ses préoccupations, un tendre regard de Gontran me prouva qu'il m'avait comprise.

Mademoiselle de Maran reprit ironiquement :

— Eh bien ! chère petite, c'est convenu, nous ferons un programme des sujets qui me sont interdits : 1° le Lugarto et les calomnies relatives au susdit, — 2° l'infidélité que Gontran vous a faite avec la belle princesse Ksernika, — 3° toute comparaison qui pourrait faire penser que je trouve Ursule plus piquante que vous ; — 4° enfin toute allusion aux soins empressés que, par la pente naturelle des choses, ce garnement de Gontran pourrait avoir la tentation de rendre à Ursule au détriment de cet imbécile de M. Sécherin, qui, soit dit entre nous, ne perdra pas pour attendre : mais... tenez, justement le voilà... le voilà... Mon Dieu... comme ça se trouve bien !

M. Sécherin entrait à ce moment dans le salon avec sa femme.

— Tiens... tiens... — s'écria-t-il joyeusement — voilà cette bonne mademoiselle de Maran.

— Moi-même, en chair et en os, mon bon monsieur Sécherin, justement je parlais de vous à l'instant. Bonjour, Ursule... bonjour, chère petite — dit mademoiselle de Maran en se levant pour baiser Ursule au front — je suis tout heureuse de vous voir réunies. Voilà ce que je rêvais, vous voir toujours vivre ensemble comme deux sœurs... vous quitter le plus rarement possible...

— Et même ne pas nous quitter du tout si ça se peut — s'écria M. Sécherin. — Il n'y a rien de tel que la vie de famille... n'est-ce pas, mademoiselle de Maran? vous comprenez ça, vous qui êtes la crême des bonnes femmes?

— Ah! monsieur Sécherin! je vas recommencer à vous gronder si vous continuez à m'appeler *crême!* je vous en avertis; d'abord ça effarouche ma modestie, et puis ça va me compromettre comme aristocrate : vous êtes encore bon là avec votre *crême!* monsieur Sécherin! Est-ce qu'après les glorieuses journées de juillet, qui ont fondé l'égalité, la fraternité, la liberté, il y a encore de ces distinctions-là ! appelez-moi bonne femme tout uniment, mais pas crême... ou je me révolte !

— Allons, va pour bonne femme; mais vous êtes une fameusement bonne femme... si bonne... — ajouta M. Sécherin en devenant tout à coup sérieux — si bonne que vous me rappelez ma pauvre mère comme ma pauvre mère vous rappelait à moi.

— Cette comparaison-là fait à la fois mon

éloge, celui de madame votre mère, et par-dessus tout celui de votre judiciaire, mon bon monsieur Sécherin. Mais est-ce que vous auriez eu le malheur de la perdre ?

— Non, non, Dieu merci... mais il y a eu bien du nouveau depuis que je ne vous ai vue, allez..,

— Ah! bah! contez moi donc cela, vous savez comme je m'intéresse à ce qui vous regarde ; qu'est-ce qu'il y a donc, mon pauvre monsieur Sécherin ?

En vain Ursule, redoutant l'indiscrétion de son mari, lui fit signes sur signes, il ne s'en aperçut pas et continua :

— Mon Dieu! oui, nous nous sommes séparés d'avec maman.

— Pas possible? mon pauvre cher enfant, vous vous êtes séparé d'avec votre maman? Eh! pourquoi cela, Jésus mon Dieu?

— Parce que maman avait pris Ursule en grippe, et qu'elle s'était imaginé que cette pauvre Bellote se laissait faire la cour par Chopinelle, notre sous-préfet, qui a été du reste destitué par la révolution de juillet.

La physionomie de mademoiselle de Maran,

jusque-là comique et moqueuse, devint tout-à-coup digne, sévère ; elle dit à M. Sécherin :

— Douter de la vertu d'Ursule serait douter de la moralité de l'éducation et de la solidité de principes que je lui ai données. Monsieur Sécherin, il fallait que madame votre mère fût cruellement prévenue contre Ursule pour croire à une telle énormité... Vous savez que l'attachement ne m'aveugle pas, moi. Eh bien! je vous suis et je vous serai toujours caution de la régularité d'Ursule ; quoique les apparences puissent être contre elle, ne les croyez jamais : les apparences !.... car cette charmante enfant vous aime encore plus qu'elle ne vous le laisse voir.

— Ah! Madame, il sera dit que vous me mettrez toujours du baume dans le sang! — s'écria M. Sécherin — de ma vie je n'ai douté d'Ursule, je vous en donne ma parole d'honneur... mais j'en aurais douté que ce que vous me dites là détruirait mes soupçons les plus enracinés.

— Madame — dit Ursule — vous êtes trop bonne, trop indulgente.

— Pas du tout, je suis juste, je rends hommage au mérite, ça me fait tant de plaisir de vous trouver ainsi unis! Vous n'avez pas d'idée comme ça me ravit de voir vos deux charmants ménages s'entendre si bien ensemble; ça me touche à un point que je ne peux pas vous dire. Ce qui me plaît surtout de votre rapprochement, c'est de penser que tout cela n'est rien encore, et que plus vous irez, plus l'avenir resserrera vos liens : mais c'est-à-dire que vous finirez par faire une famille si étroitement unie et confondue qu'on n'y reconaîtra plus rien du tout; ça sera une manière de communauté, la confraternité dans le goût de *Melimelo.* d'Otaïti ou de l'âge d'or, où l'on n'avait à soi que ce qui appartenait aux autres, n'est-ce pas, mon bon monsieur Sécherin ?

— C'est vrai, Madame — dit-il en riant — seulement, moi et ma femme, nous y gagnons trop, à ce marché-là.

— Laissez-moi donc tranquille avec votre modestie, vous y gagnez trop! Est-ce qu'on parle ainsi entre amis? Est-ce que d'ailleurs chacun n'y met pas du sien ; n'êtes-vous pas comme frère et sœur avec Mathilde? si Gontran regarde votre femme comme la sienne, est-ce que à son tour votre femme n'aime pas Gontran au moins autant que vous? Qu'est-ce que vous venez donc nous chanter avec vos gains, alors?

— Vous avez raison, Madame, vous avez raison — s'écria gaîment M. Sécherin : — apporter son cœur et son dévoûment en *commandite* dans une société pareille, comme nous disons en affaires, c'est y mettre tout ce qu'on peut y mettre, et ça vous donne droit égal au partage du bonheur.

L'entendez-vous? — nous dit mademoiselle de Maran en frappant dans ses mains. — l'entendez-vous, je vous le demande? Mais c'est qu'elle est charmante, sa comparaison commerciale et commanditaire! C'est donc Ursule qui vous inspire de ces jolies choses-là? Ce que c'est pourtant que l'influence d'une honnête jeune femme, comme ça vous polit, comme ça vous façonne! Certes, mon bon monsieur Sécherin, vous aviez déjà d'excellentes qualités; mais il vous manquait un je ne sais quoi de fin, de délicat, de distingué dans l'expression, que vous possédez maintenant à merveille. Vous n'êtes plus du tout le même homme; votre ru-

7

desse, votre franchise primitive sont tempérées, adoucies par une urbanité toute pleine de grâce et de mignardise... Ah! ça! mais dites donc... n'allez pas en piaffer, au moins! vous n'êtes pour rien du tout là-dedans.

— Comment, Madame?

— Mais, certainement, si vous êtes ainsi, ça n'est pas plus votre faute que ça n'est la faute de l'églantier lorsqu'il devient rosier.... Vous êtes tout bonnement l'ouvrage de cette charmante petite jardinière que voilà... Elle vous a *greffé*... mon bon monsieur Sécherin. Elle vous a *greffé*.

— Mais c'est que la comparaison est très-juste—s'écria M. Sécherin—elle m'a greffé... je suis *greffé!*...

— Comment donc! et à double écusson encore, mon cher Monsieur!—dit mademoiselle de Maran en regardant Ursule avec un sourire si méchant que je compris qu'il devait y avoir quelque double entente outrageante dans la plaisanterie de mademoiselle de Maran.

— Après cela — dit naïvement M. Sécherin — peut-être que vous vous moquez de moi? Vrai, suis-je changé à mon avantage?

— Mon bon monsieur Sécherin — dit gravement ma tante — je n'ai peut-être qu'une seule qualité au monde, c'est une véracité.... brutale ; pourquoi donc que je vous dirais cela, si je ne le pensais pas ? Vous ai-je ménagé quand je trouvais à reprendre dans votre manière de dire ?

— Non ; ça, c'est vrai. Eh bien ! au fait, je vous crois et je veux vous croire ; parce que, si je suis changé en bien, c'est grâce à Ursule, comme vous dites : mais jamais je ne m'étais aperçu de ce changement-là.

— Cette modestie timide et charmante vient consacrer ce que j'ai dit, mon bon monsieur Sécherin ; mais je me tais de peur de rendre Ursule trop orgueilleuse d'elle et de vous. Ah ça ! je vous laisse ; je vas demander à Mathilde de me conduire chez moi car je suis un peu fatiguée de la route. Sans compter que ces abominables couleurs tricolores m'ont causé un affreux mal de cœur. Heureusement, le calme champêtre... la vue des heureux que j'ai faits... tout ça va me remettre... Ah ça ! je vous laisse à vos amours tous tant que vous êtes, car je jabotte comme une pie dénichée.

## CHAPITRE V.

SOUVENIRS D'ENFANCE.

Je ne pouvais deviner la véritable cause de la brusque arrivée de mademoiselle de Maran, je cherchais à me persuader que sa venue n'avait pas d'autre motif que celui qu'elle m'avait donné; les journaux que nous recevions de Paris parlaient, en effet, de troubles assez graves dans cette ville.

Pourtant les terreurs de ma tante me semblaient exagérées. Si j'admettais qu'une autre raison l'eût amenée à Maran, malgré moi j'étais effrayée; sa présence me présageait quelque nouveau malheur.

J'observais attentivement Gontran, il était distrait, préoccupé, rêveur.

Ursule avait évité plusieurs fois de se trouver seule avec moi; j'avais hâte de la voir partie.

Je ne savais si elle avait préparé et disposé son mari à quiter Maran, j'en parlai plusieurs fois à Gontran; il me dit que ma cousine l'avait assuré qu'elle était obligée d'agir avec ménagement pour rompre des projets arrêtés depuis si longtemps, mais qu'elle espérait sous peu de jours y parvenir.

Je n'avais pas voulu apprendre à Ursule et à mademoiselle de Maran dans quel état je me trouvais, c'était un bonheur dont je voulais jouir seule et dans le secret le plus longtemps possible.

Ma tante continuait de se moquer de M. Sécherin, et semblait observer attentivement Ursule et mon mari.

Elle tenait fidèlement sa promesse et ne parlait plus d'un passé qui éveillait en moi des souvenirs si pénibles. Sans doute elle savait que je serais assez résolue pour agir, ainsi que je le lui avais dit, et pour quitter Maran plutôt que de souffrir de nouvelles perfidies.

Elle avait trop de sagacité, trop de pénétration, pour ne pas s'apercevoir d'un changement remarquable dans les manières de Gontran ; lui autrefois joyeux, brillant, animé était devenu pensif, concentré, quelquefois brusque et impatient, d'autres fois morne, accablé. Mes inquiétudes augmentaient de jour en jour, je craignais, comme je l'avais pressenti, que son goût pour ma cousine contrarié, irrité par l'indifférence affectée de celle-ci, ne prît tout le caractère de la passion.

Je remarquai de nouveau sur ses traits contractés ce sourire triste, nerveux, qui n'avait pas assombri sa figure depuis qu'il avait échappé à l'influence de M. Lugarto.

Plusieurs fois je le surpris dans le parc se promenant à grands pas, une fois je vis qu'il avait pleuré... Rarement il me parlait avec dureté ; souvent, au contraire, il me traitait avec une tendresse inusitée.

Hélas ! à ces retours de bonté, je m'apercevais bien qu'il devait souffrir.

Lorsque Ursule se trouvait en tiers avec mon mari et moi, elle affectait une gaîté folle qui augmentait encore la tristesse de Gontran. Elle déployait à peu près le même cynisme moqueur, qu'elle avait montré dans son entretien avec mon mari ; seulement, par égard pour la présence de M. Sécherin, au lieu de donner ces sentiments comme siens elle les attribuait à un être imaginaire, à je ne sais quelle héroïne de roman : véritable démon dont elle s'amusait à rêver l'existence.

Je ne puis le nier, Ursule dans ces conversations continuait de déployer infiniment d'esprit et de se montrer véritablement supérieure à Gontran. Ce que je ressentais pour elle était bizarre, inexplicable, je la haïssais à la fois, et d'avoir rendu mon mari amoureux d'elle, et de rire méchamment des tourments qu'il éprouvait.

Elle eût paru partager l'affection de Gontran, que j'aurais été horriblement malheureuse, plus malheureuse encore sans doute que de la voir le dédaigner… mais j'aurais été moins effrayée peut-être.

L'ironie perpétuelle d'Ursule prouvait qu'elle ne ressentait rien, qu'elle dominait complètement M. de Lancry, et c'est surtout cette influence que je redoutais.

Quelque temps après l'arrivée de mademoiselle de Maran, je fus un jour réveillée de très grand matin par un bruit de voiture.

Après avoir écouté de nouveau je n'entendis plus rien, je crus m'être trompée, je me rendormis.

Blondeau entra chez moi. Je lui demandai si elle n'avait rien entendu.

Elle avait entendu comme moi un bruit de voiture; ce qui était tout simple — ajouta-t-elle puisque M. Sécherin était parti le matin à quatre heures.

— Avec Ursule m'écriai-je.

— Non, madame — me répondit Blondeau — le domestique de M. Sécherin a dit que son maître partait de très bonne heure afin de pouvoir arriver dans la nuit à Saint-Chamant où il allait pour affaires.

Dans mon anxiété je fis prier Ursule de passer chez moi.

Elle entra bientôt.

— Votre mari est parti sans vous — m'écriai-je.

— Mon Dieu! de quel air courroucé tu me parles, ma chère Mathilde; qu'y a-t-il donc de si étonnant à ce départ?

— Ce qu'il y a d'étonnant! repris-je confondue de tant d'audace.

— Certainement, rien de plus simple. Hier soir, après nous être retirés chez nous, mon mari m'a parlé comme d'habitude de ses affaires ; tout-à-coup il s'est souvenu en feuilletant son carnet qu'il y avait à Saint-Chamant une vente de terres dont quelques-unes sont voisines des nôtres et qu'il désire acquérir : il n'a voulu déranger personne; ce matin, au point du jour, il a envoyé chercher des chevaux et m'a prié de l'excuser auprès de toi. Il ne sera absent que très peu de temps et il profitera de cette occasion pour visiter celle de ses propriétés qui se trouve dans le voisinage de Saint-Chamant.

J'étais indignée : Ursule avait sans doute à dessein laissé échapper cette occasion si naturelle de quitter Maran, elle avait donc des projets sur Gontran ; mes soupçons se justifiaient de plus en plus.

Depuis trop long-temps je me contraignais trop envers ma cousine, pour pouvoir dissimuler davantage ; je me crus plus obligée de lui cacher que j'avais assisté à son entretien avec Gontran, et je lui dis :

— Quel intérêt avez-vous donc à rester ici, puisque vous n'avez pas profité du départ de votre mari pour quitter Maran ?

Ursule, fidèle à son système de fausseté, ne leva pas encore le masque et me répondit avec une expression d'étonnement douloureux :

— Mais, encore une fois, Mathilde, qu'as-tu donc ? En vérité je ne sais que penser. Tu me dis *vous*, tu me parles de quitter Maran comme si ma présence te gênait ; qu'est-ce que cela signifie ?

— Cela signifie qu'il y a huit jours j'ai entendu votre entretien avec mon mari ; oui, j'étais dans l'un des cabinets de cette alcôve : j'avais dit à Gontran combien son empressement auprès de vous me chagrinait, et il m'avait aussitôt proposé de vous demander de quitter Maran. — Je ne pus m'empêcher de prononcer ces derniers mots avec un orgueil triomphant.

Ursule fronça légèrement les sourcils et sourit avec amertume :

Ainsi — me dit-elle en me regardant fixement — ton mari savait que tu étais là pendant notre entretien?

— Il le savait... Comprenez-vous maintenant, comprenez-vous que je m'étonne de ce qu'après avoir promis à mon mari de vous éloigner vous restiez ici malgré le départ de M. Sécherin?

— Eh bien! puisque tu étais là, entre nous j'en suis ravie, ma chère Mathilde, tu dois être contente, j'espère?

— Contente?...

— Oui, sans doute. Tu l'as vu, j'ai assez maltraité ton vilain infidèle pour qu'il n'ait plus maintenant envie de l'être. Me suis-je montrée assez bonne amie? aller jusqu'à me faire voir à lui sous le jour le plus odieux pour changer en éloignement, en haine peut-être, le goût qu'il prétendait avoir pour moi!

— Et vous croyez m'imposer par ce mensonge?

— Un mensonge?... Mais tu étais là... souviens-toi donc du dédain avec lequel je l'ai traité.... Tu étais là?... qui m'aurait dit pourtant que j'avais si près de moi la récompense de ma vertueuse conduite!... Tiens, Mathilde, je ne puis croire à un hasard si heureux... si

providentiel.... comme dirait ma belle-mère...
— Et Ursule éclata de rire.

Cette fois, du moins, ma cousine était franchement ironique et malveillante.

— Écoutez-moi, Ursule — lui dis-je. — Il n'est plus temps de railler ; la conversation que je vais avoir avec vous sera grave, ce sera sans doute la dernière que nous aurons ensemble.

— J'en doute fort ! — s'écria impérieusement Ursule — car j'ai, moi, à vous demander compte de la déloyauté de votre conduite et de celle de votre mari.

— Que voulez-vous dire ?

— En vous cachant pour épier un entretien que je croyais secret, vous commettiez un abus de confiance, vous me rendiez votre jouet... savez-vous que je pourrais vouloir m'en venger !

— J'aime mieux ces fières paroles, Ursule, que votre mélancolie doucereuse dont j'ai été trop long-temps dupe ; je sais au moins qu'en vous j'ai une ennemie... Eh bien !... soit...

— Je n'ai aucune envie d'être votre ennemie ; vous avez eu envers moi un mauvais procédé, j'ai le droit de m'en plaindre, et je vous dis que je pourrais vouloir m'en venger : voilà tout.

— Mais, depuis votre arrivée ici, ne prenez-vous pas à tâche de porter le trouble dans cette maison?

— Qu'avez-vous à me reprocher? Puis-je empêcher votre mari d'avoir du goût pour moi? Puis-je faire mieux que de le railler, que de lui ôter tout espoir, que de lui promettre de partir puisque vous et lui le désirez?

— Pourquoi donc alors n'êtes-vous pas partie ce matin, l'occasion n'était-elle pas parfaite? Je vous dis, moi, que, si vous aviez eu l'intention d'ôter tout espoir à mon mari; au lieu d'étaler je ne sais quelle métaphysique de sentiments effrontés, au lieu de lui dire : « *Je ne vous aimerai jamais, mais je pourrai « en aimer d'autres passionnément;* » si vous lui aviez dit simplement : Je suis attachée à mes devoirs; votre femme est mon amie, ma sœur, jamais je ne trahirai ni elle, ni mon mari : ce langage eût été digne et noble... au lieu d'être perfidement calculé.

— Vous me permettrez, j'espère, d'être juge

de la convenance et de la portée de mes paroles ; la jalousie est une mauvaise conseillère, et je crois qu'elle vous égare.

— Elle m'éclaire... elle m'éclaire...

— Vous êtes trop intéressée dans la question, Mathilde, pour la juger sainement ; en parlant à votre mari comme je lui ai parlé, je lui ôtais toute espérance... Les hommes ne croient pas à nos principes, ils croient à notre indifférence.

— Je ne doute pas de votre expérience à ce sujet, Ursule ; mais il y a un moyen infaillible de rompre un penchant : c'est l'absence.

— Quand elle ne l'augmente pas !

— Ainsi, c'est par indifférence pour mon mari que vous restez ici ?

— Absolument, je lui ai déclaré que j'avais presque de l'éloignement pour lui... Vous l'avez entendu... que voulez-vous de plus ?

— Eh bien ! admettez que mes soupçons, que mes craintes soient exagérées ; n'était-il pas de votre devoir d'y mettre un terme, en ne prolongeant pas votre séjour ici ?

— Il est impossible de renvoyer les gens avec plus d'urbanité ; pourtant, je me permettrai de vous faire, à mon tour, quelques observations; vous sentez qu'après la promesse que j'ai faite à votre mari, si j'ai laissé ce matin partir M. Sécherin sans l'accompagner... c'est que de graves motifs m'obligeaient à agir ainsi.

— Et n'était-ce donc rien que mon repos, que la tranquillité de ma vie, à moi, que vous venez si méchamment troubler !

— Je suis ravie de voir, Mathilde, que vous songez beaucoup à vous, alors vous ne trouverez pas extraordinaire que je songe un peu à moi. Par deux fois, j'ai indirectement parlé de mon départ à mon mari ; son étonnement a été tel, que j'ai pressenti qu'il ne pourrait parvenir à s'expliquer ce brusque changement dans mes résolutions sans que quelques soupçons ne s'élevassent dans son esprit : ou il croira que je fuis volontairement votre mari parce que je crains de partager son amour, ou il croira que votre jalousie a exigé mon départ... de toutes façons, vous le voyez, ses doutes seront éveillés, sa confiance en moi s'altérera, et, je vous l'avoue, je tiens autant que vous à vivre tranquille.

— Ursule... Ursule... prenez garde ; c'est vous railler de moi, que de me donner de pareilles raisons.

— Elles sont excellentes pour moi, je vous jure. Il a fallu toute l'autorité du langage de la vérité pour empêcher mon mari de croire aux visions de sa mère à propos de ce M. Chopinelle, je n'ai pas envie de voir de pareilles scènes se renouveler.

— Malgré tout ce que je ressens contre vous — m'écriai-je — je n'aurais pas osé faire allusion à votre conduite dans cette circonstance ; mais, puisque vous en parlez sans honte, je vous dirai que c'est justement parce que je vous sais coupable d'une faute que rien ne pouvait excuser, que j'ai le droit de vous soupçonner et de vous craindre lorsqu'il s'agit d'un homme tel que M. de Lancry.

— Mathilde !...

— C'est parce que j'ai été témoin de tout ce qui s'est passé à Rouvray que j'ai le pressentiment, que j'ai la certitude que votre apparente indifférence pour mon mari cache quelque arrière-pensée.

Ursule haussa dédaigneusement les épaules.

— Mon Dieu ! je sais fort bien que vous avez cru aux absurdes médisances de ma belle-mère — me dit-elle — mais il est trop tard pour les renouveller ; vous aviez une très belle occasion de m'accuser lorsque, devant mon mari et devant sa mère, j'ai invoqué votre témoignagne à l'appui de mon innocence...

— Osez-vous parler ainsi, Ursule ! lorsque la pitié, lorsqu'un généreux ressentiment de notre ancienne amitié m'a fait garder le silence... Ah ! elle me l'avait bien dit : « Puis-« siez-vous ne jamais vous repentir de l'appui « que vous prêtez à cette femme coupable !.. » Mais ne récriminons pas le passé... Une dernière fois je vous demande..., et, s'il le faut... je vous supplie de ne pas prolonger votre séjour ici... Après ce qui s'est passé entre nous, nos relations ne pourront être que bien pénibles... De grâce... rejoignez votre mari... Vous avez, dites-vous, de l'indifférence pour Gontran, qui peut vous retenir ? Votre caractère est tel, que vous serez heureuse partout ; je ne vous ai jamais fait de mal, ne vous opiniâtrez donc pas à me tourmenter.

— Je serais désolée de vous tourmenter; mais, je vous le dis encore, je ne puis, pour une vaine imagination, pour un caprice de votre part, risquer une folle démarche qui compromettrait mon avenir... — me répondit Ursule avec un sang-froid imperturbable.

— Je crois qu'en tout cas vous calculez fort mal — dis-je à ma cousine en surmontant mon émotion ; — vous voulez attendre le retour de votre mari...

— Je le désire.

— Soit... Eh bien ! à tort ou à raison, je suis jalouse de vous.

— A tort... très à tort.

— Soit... encore..., mais je suis jalouse ; votre refus de vous éloigner... augmente encore cette jalousie, le retour de M. Sécherin ne calmera pas mes agitations... Je lui en cacherais la cause qu'il finirait par la deviner... Réfléchissez bien à cela... Lors de cette partie de chasse il a fallu mon empire sur moi-même et la distraction de votre mari, pour qu'il ne surprît pas mon secret... Vous voyez donc bien qu'en me refusant de partir vous provoquez un danger plus grand que celui que vous redoutez.

— Que puis-je faire à cela! Si je suis perdue par votre fait, je me résignerai à mon sort... mais je ne serai jamais assez folle ni assez sotte pour aller me perdre moi-même.

— Peut-être... Ursule... peut-être. Prenez bien garde...

— Me menacez-vous? Et de quoi me menacez-vous?

— Je ne vous menace pas, mais je vous préviens qu'il s'agit de mon bonheur, de mon avenir, de ma vie; je lutterai de toutes mes forces, je serai capable de tout pour conserver ce que vous voulez peut-être me ravir...

— Vous... capable d'une lâche délation?... je ne le crois pas,, je vous en défie.

— Vous avez raison de m'en défier, vous m'en savez incapable; mais sans lâcheté je puis m'adresser à la bonté de votre mari : je puis lui avouer mes craintes, tout en lui disant qu'elles sont insensées, mais qu'elles me font un mal affreux... Cela ne vous compromettra pas... cela éveillera peut-être les soupçons de votre mari... mais vous l'aurez voulu...

— Alors je saurai me défendre ou me venger.

— Écoutez-moi bien, Ursule... je vous jure, par la mémoire de ma mère, que, si vous persistez à rester ici malgré moi... je n'hésiterai pas devant cette extrémité, quelque funeste qu'elle soit... Un secret pressentiment me dit qu'une des questions les plus fatales de ma vie s'agite en ce moment... je vous préviens qu'il s'est fait un grand changement dans mon caractère. Il est devenu aussi ferme et aussi résolu qu'il était faible et timide... ne me poussez pas à bout ; je ne vous demande rien que de possible, que de faisable.

— Je suis seule juge de cela, il me semble... je connais mon mari mieux que vous.

— Vous exagérez à dessein sa susceptibilité, j'ai vu quelle influence vous aviez sur lui... Vous ne me ferez pas croire que l'homme qui a été d'une confiance assez aveugle pour croire à votre fable au sujet de la lettre de M. Chopinelle, que l'homme qui n'a pas été ébranlé dans sa foi par le formidable serment de sa mère, vous ne me ferez pas croire, dis-je, que cet homme, qui ne vit que pour vous, que par vous, aura le moindre soupçon lorsqu'il vous verra venir le rejoindre, et que vous lui direz que vous vous ennuyiez loin de lui...

— Il ne verra là qu'une exagération ridicule.

— Ce sont de ces exagérations que les cœurs dévoués et généreux, comme le sien, admettent d'autant plus qu'ils sont capables de les éprouver. Vos moindres désirs sont des ordres pour lui : vous lui direz que vous voulez faire un voyage en Italie, je suppose ; il vous croira, il s'empressera de vous satisfaire.

— Je vous remercie mille fois de la bonne opinion que vous avez de mon habileté, de mon adresse et de mon influence — me dit Ursule avec un sourire sardonique... — malheureusement, je crois que vous vous exagérez mes avantages. Pourtant rassurez-vous : dès le retour de mon mari, je ne resterai ici que le temps nécessaire pour amener naturellement ce départ; d'ici là, je vous en prie à mon tour, n'insistez pas, et accordez-moi l'hospitalité.

— Mais cela est infâme pourtant... — m'écriai-je avec indignation ; il suffira donc de votre volonté pour désespérer de ma vie !

— Revenez à la raison, oubliez des soupçons insensés ; ces fantômes s'évanouiront, le calme renaîtra dans votre esprit.

— Oubliez la douleur, n'est-ce pas? et vous ne souffrirez plus !

— Croyez que rien ne m'est plus désagréable que cette discussion, Mathilde, et que...

— Eh bien! m'écriai-je en interrompant ma cousine — puisque c'est une lutte, je l'accepte... Tous les moyens vous sont bons pour m'attaquer dans ce que j'ai de plus cher, tous les moyens me seront bons pour me défendre... Votre prétendue indifférence pour mon mari est un manège de coquetterie raffinée dont je ne suis pas dupe. Vous voulez lui plaire, je vous rendrai odieuse à ses yeux ; je lui avais tu jusqu'ici votre honteuse aventure de Rouvray, je ne garderai plus aucun ménagement : s'il était tenté de m'oublier un moment pour vous, moi qui ne lui ai donné que des marques d'amour et de dévoûment, il comparerait... et il verrait à quelle femme il me sacrifie.

— Mathilde... Mathilde... prenez garde à

votre tour! — s'écria Ursule, et ses yeux semblèrent étinceler de colère — prenez garde à ce que vous direz !... de ma vie... je ne pardonnerais cette calomnie, entendez-vous ?... ne m'exaspérez pas !

— J'en étais sûr ! — m'écriai-je — mon mari ne vous est donc pas indifférent, puisque vous craignez qu'il ne soit instruit de cette aventure !

— Je tiens à l'estime de votre mari... comme à l'estime de tout les honnêtes gens... et il est horrible à vous de vouloir me la faire perdre — s'écria Ursule avec un accent de dignité outragée.

— Vous tenez à son estime? et vous n'avez pas craint d'afficher effrontément les principes les plus corrompus ! et vous n'avez pas craint de railler de tout ce qui est saint et sacré dans le monde! Non, non, j'en suis de plus en plus convaincue, votre instinct de ruse vous a dit qu'incapable de lui plaire par de généreuses et nobles qualités, vous ne pouviez que frapper son imagination par quelque affectation bizarre et étrange ; mais dès qu'il saura que tout cet échafaudage de prétentions cyniques n'a pour but que de lui ménager un cœur que M. Chopinelle a occupé tout entier...

— Mathilde... à votre tour prenez garde ! ne me poussez pas à bout...

— Oh ! maintenant que je vous connais, je ne vous crains plus... Mes illusions sur vous pouvaient seules être dangereuses, mais elles sont heureusement dissipées.

— Eh bien ! — s'écria ma cousine en ne cachant plus les mauvais ressentiments qui l'agitaient — puisque vos illusions sont dissipées, puisque vous me connaissez, puisque vous m'outragez... je n'ai plus à garder aucune mesure, il m'en a assez coûté de dissimuler avec vous depuis longtemps... Vous m'avez démasquée, dites-vous, regardez-moi donc bien en face alors ?

Je fus effrayée de l'expression d'audace et de méchanceté qui se révéla tout à coup sur les traits d'Ursule.

— Depuis assez d'années, ce masque me gênait — reprit-elle.

— Depuis assez d'années ? que voulez-vous dire, Ursule ?

— Ah ! cela vous surprend ? Ah ! vous me

croyiez une amie dévouée, une sœur?... femme ingénue et candide!—et elle haussa les épaules.

— Mon Dieu... mon Dieu...

— Mais vous oubliez donc tout ce que vous m'avez fait souffrir, vous, depuis votre enfance! — s'écria-t-elle.

— Moi? moi?

— Vous, Mathilde! Vous me supposez donc bien insensible, bien inerte, ou bien stupide, pour croire que j'aie oublié notre jeunesse! Vous ne savez donc pas tout ce que mon cœur ulcéré a amassé de haine et d'envie, depuis qu'un hasard fatal m'a rapproché de vous!

— Et moi... moi! qui avais béni ce jour parce qu'il me donnait une sœur...

— Vous auriez dû le maudire, car alors il vous donnait une victime... et plus tard une ennemie...

— Une victime, une ennemie.... grand Dieu... que vous ai-je donc fait?

— N'était-ce pas en votre nom, n'était-ce pas à votre orgueil, qu'on me sacrifiait chaque jour? Vous ne vous rappelez donc pas que sans cesse, à tout propos, j'ai été humiliée, blessée, méprisée à cause de vous! Non, il n'y a pas de torture d'amour-propre qu'on ne m'ait fait subir toujours en me comparant à vous.... Enfant, mon éducation était un bienfait que je devais à votre charité! si l'on me donnait quelque vêtement élégant, c'était encore une aumône qu'on me jetait à vos dépens! ce n'était pas tout... pour vous toujours et partout la louange, les flatteries, les récompenses ; pour moi toujours les reproches, les punitions, les duretés. Et vous croyez que j'ai pu oublier cela, moi! Et vous croyez que ce ne sont pas là de ces blessures dont les cicatrices sont ineffaçables! Et vous croyez que vous êtes maintenant bien venue à me reprocher une faute et à me menacer!

— O mon Dieu, mon Dieu — m'écriai-je en cachant ma figure dans mes mains — l'infernale prévision de mademoiselle de Maran ne l'avait pas trompée ; elle savait dans quelle âme elle faisait germer l'envie!

— Et que m'importe! — reprit Ursule avec une nouvelle violence ; — que m'importe la main qui m'a frappée! Je ne pense qu'au coup que j'ai reçu. N'ai-je pas toujours et d'autant plus souffert que l'on ne m'accablait que pour vous exalter? Enfant, les punitions; jeune fille, les mépris : voilà quel a été mon sort auprès de vous. S'est-il agi de nous marier, vous deviez, vous, prétendre aux plus brillants partis; moi, je devais me trouver trop heureuse d'épouser quelque homme pauvre et grossier. Vous étiez si riche! vous étiez si belle! vous étiez remplie de si adorables qualités! tandis que moi, au contraire, j'étais pauvre, sotte, et dépourvue de tous les agréments qui vous faisaient chérir! Cela est arrivé, d'ailleurs, comme on nous l'avait prédit; vous avez épousé un grand seigneur spirituel et charmant, moi j'ai épousé un homme ridicule et vulgaire. Oh! jamais, jamais je n'oublierai, voyez-vous, ce que j'ai ressenti lorsque, devant vous qui, toute rayonnante d'orgueil et de bonheur, regardiez votre beau fiancé, on a insulté, raillé l'homme dont je rougissais de porter le nom. Oh! comme ce rapprochement était un dernier et terrible coup qu'on me portait, comme cette fois encore on me sacrifiait, on m'immolait à vous, à l'insolent bonheur dont vous m'écrasez depuis si longtemps!

— Mais c'est horrible — m'écriai-je — mais

vous savez bien que j'étais étrangère à ces perfidies de ma tante; mais vous savez bien que, même pendant notre enfance, je me faisais punir pour partager les rigueurs qu'on vous imposait; mais vous savez bien que plus tard il n'a pas dépendu de moi que vous ne fissiez un mariage selon votre cœur...

— Vous m'avez offert la moitié de votre fortune, me direz-vous; l'ai-je acceptée? Qui donc vous dit que je n'ai pas ma fierté comme vous avez la vôtre? qui donc vous dit que je n'ai pas été encore aigrie davantage par vos éternelles affectations de générosité, de pitié?

— Mais vous m'avez donc toujours haïe? mais ces assurances d'amitié que vous m'avez données jusqu'ici étaient donc autant de mensonges, autant de blasphèmes? Comment dès notre enfance, cette odieuse haine a fermenté en vous? Comment, vous avez pu jusqu'à présent la dissimuler? Comment, rien ne vous a touché, ni mon affection de sœur, ni la haine que me portait mademoiselle de Maran? Comment, vous, avec votre esprit, vous n'avez pas vu qu'elle prenait à tâche de vous humilier en me louant afin d'exciter votre jalousie, votre envie, et de vous rendre un jour mon ennemie?... Ah! Ursule... Ursule... si elle vous entendait, elle serait bien heureuse de voir que vous servez ainsi d'aveugle instrument à sa haine.

— Eh! mon Dieu... n'accusez pas tant mademoiselle de Maran — s'écria Ursule avec impatience; — elle n'a fait sans doute que développer le sentiment d'envie qui était en moi : je suis née jalouse et envieuse, comme vous êtes née loyale et généreuse; vous eussiez été à ma place, j'eusse été à la vôtre, que, malgré tous les calculs de la méchanceté de mademoiselle de Maran, elle n'aurait jamais éveillé en vous une jalousie ardente contre moi.

— Mais, puisque vous me reconnaissez loyale et généreuse, pourquoi me haïssez-vous? Que vous ai-je fait?

— C'est justement parce que vous êtes loyale et généreuse, que je vous hais... Je vous hais encore parce que j'ai toujours été humiliée à cause de vous; je vous hais parce que vous jouissez de tous les bonheurs que j'envie, je vous hais parce que j'ai eu à rougir devant vous. Nous sommes seules, je puis tout dire impunément... Eh bien! oui, ce qui a porté le comble à ma rage contre vous, ç'a été de vous voir instruite d'une liaison ridicule, ç'a été de me voir traitée devant vous avec le dernier mépris par ma belle-mère.

— Mais vous le voyez bien, cette liaison existait; ce mépris, vous le méritiez!

— Et c'est justement cela qui m'exaspère... vous me diriez que je suis laide et bossue comme mademoiselle de Maran que je ne m'en inquiéterais pas.

— Mais...

—Mais, je ne veux pas me faire meilleure que je ne le suis, je ne discute pas... je ne dis pas que j'ai raison d'éprouver ainsi... je dis que j'éprouve ainsi; le hasard a fait que par vous ou à cause de vous j'ai été blessée dans ce que j'avais de plus irritable... je m'en prends à vous et je vous hais. Ceci n'est peut-être pas logique, mais c'est réel... Ce langage vous étonne?... oh... c'est que le chagrin et l'isolement avancent et développent singulièrement l'intelligence, Mathilde!... D'abord j'ai dû à ces maîtres rudes et cruels la science de dissimuler et d'attendre. J'étais humiliée à cause de vous, que pouvais-je contre vous? rien. J'attendis, j'observai ; les louanges excessives dont on vous accablait me donnèrent le désir violent de compenser par l'art, par la grâce hypocrite, par la coquetterie la plus étudiée, ces avantages qui me manquaient et qu'on admirait en vous... Quand j'eus quinze ans, je vous trouvai belle, bien plus belle que moi ; ne pouvant lutter de beauté avec vous, je me promis de vous le disputer un jour par la physionomie, par l'entrain, par le montant : vous étiez belle d'une beauté chaste et sereine... je voulus être agaçante... provoquante... mais le moment n'était pas venu... Un jour, je pleurais de rage en pensant à l'avenir brillant qui vous attendait, au triste sort qui m'était réservé... Par hasard je me regardai dans un miroir, je vis que les larmes m'allaient presqu'aussi bien que le rire éclatant et fou... Provisoirement je me résolus d'être triste, mélancolique, sentimentale. Vous étiez riche, j'étais pauvre ; on vous comblait de flatteries, on m'accablait de mépris : rien ne paraissait plus naturel et plus intéressant que mon rôle de victime résignée.... Je me mariai et vous aussi, vous aviez tout pour choisir et vous avez choisi un homme charmant.... Le même bonheur vous a suivie dans votre union ; belle, riche, jeune, titrée, jouissant d'une réputation sans tache, idole de ce monde qui n'a d'admiration que pour votre beauté, de louanges que pour vos vertus, vous ne pouvez faire un vœu qui ne soit réalisé : voilà votre vie... Est-ce assez de bonheur, cela ? — ajouta-t-elle avec une expression de colère et d'envie qui me prouva qu'elle me croyait véritablement la plus heureuse des femmes.

Un moment je fus sur le point de la détromper, pensant ainsi la désarmer ; je voulais lui dire toutes les angoisses des premiers mois de mon mariage, les calomnies dont j'avais été victime... mais cela me parut une lâcheté, je me contentai de lui répondre :

— Vous me croyez donc bien heureuse, que vous me haïssez tant...

— Eh bien ! oui ; quand je compare votre existence à la mienne, je vous envie, je souffre. Pourquoi cette différence entre nous ? Pourquoi n'y a-t-il pas un avantage dont vous ne jouissiez ? pas une qualité, pas une vertu qu'on n'admire en vous? Je l'avais bien prévu, et votre tante me l'a sans cesse répété depuis son arrivée ici : à Paris... dans votre monde... on ne connaît que vous, on ne jure que par vous... Vous êtes à la fois la femme la plus à la mode et la plus respectée. On vous cite partout comme un modèle de grâce et d'élégance, et on ne vous reproche pas une faiblesse, pas une coquetterie... Et cela dans le monde le plus médisant, le plus difficile à capter... tandis que moi je vis en province avec un obscur marchand que je ne puis dominer qu'en affectant des vulgarités qui révoltent mes goûts et mes habitudes ! Et ce n'est pas tout : il faut encore que vous veniez surprendre les plaies honteuses de cette existence déjà si cruelle ! il faut qu'à votre arrivée ma belle-mère, mon mari, ne cessent de m'étourdir de vos louanges comme autrefois mademoiselle de Maran ! Oh ! vous êtes une femme incomparable, soit... mais votre insolent bonheur n'est peut-être pas invulnérable...

La colère et la jalousie dominaient tellement Ursule, qu'elle ne s'aperçut pas de ma stupeur.

En l'entendant ainsi parler de mon *insolent*

*bonheur* je m'expliquai les paroles de mademoiselle de Maran, qui m'avait plusieurs fois répété : « Je suis fidèle à nos conventions ; je
« ne parle pas de toutes ces horreurs de Lu-
« garto à votre cousine : au contraire je lui
« répète sans cesse que vous avez toujours été
« la plus heureuse des femmes, que votre sort
« fait l'envie de tous, et que les bons comme
« les méchants n'ont pour vous qu'un senti-
« ment — l'adoration. »

Je ne m'étonnai plus. Avec sa perfidie ordinaire, mademoiselle de Maran avait pris à tâche d'exaspérer la jalousie de ma cousine en lui peignant ma vie comme aussi riante qu'elle avait été douloureuse.

En voyant Ursule si indignement irritée du bonheur qu'elle me supposait, je songeai à sa joie si elle pénétrait mes véritables infortunes: moins que jamais je voulus lui donner cette satisfaction.

— Ainsi — lui dis-je — voilà le secret de votre haine?... vous l'avouez au moins... A cette heure quels sont vos desseins? Voulez-vous m'enlever mon mari? Est-ce là la vengeance que vous prétendez tirer de moi?

— Au point où nous en sommes maintenant, vous ne comptez pas, je crois, que je vous fasse part de mes projets? — me dit impérieusement Ursule.

— Comme il ne m'est pas difficile de les deviner— m'écriai-je...—je vais vous dire, moi, mon irrévocable décision. Je vais écrire à votre mari de revenir en toute hâte : à son arrivée, je lui avoue mes soupçons, que je veux bien encore lui dire insensés, et je le supplie de vous emmener ; vous êtes désormais ma plus dangereuse ennemie... je n'ai plus aucun ménagement à garder. Ainsi je ne cacherai rien à mon mari de ce qui s'est passé à Rouvray entre vous et M. Chopinelle.

—Vous voulez la guerre, Mathilde! eh bien, la guerre!... tous les moyens sons bons quand on réussit ; j'espère vous le prouver.

Et Ursule me laissa seule.

# CHAPITRE VI.

### RETOUR.

Après le départ d'Ursule mon premier mouvement fut d'aller trouver mon mari et de lui raconter mon entretien avec ma cousine.

Malheureusement Gontran était sorti dès le matin pour aller à la chasse.

Je dis à Blondeau de me prévenir de son retour. L'heure du déjeuner sonna, Gontran n'était pas encore de retour.

Je trouvai mademoiselle de Maran dans le salon. Elle me demanda où était ma cousine, je lui dis qu'elle était sans doute chez elle.

On alla l'y chercher, on ne la trouva pas.

La matinée était assez belle, je supposai qu'elle se promenait dans le parc; on sonna une seconde fois, elle ne parut pas.

Tout-à-coup l'idée me vint qu'elle était peut-être allée rejoindre Gontran. Mais on me dit que mon mari était sorti sur un poney avec un de ses gardes et ses chiens, pour chasser au marais.

Cela me tranquillisa, je me mis à table avec ma tante; elle ne m'épargna pas ses méchantes remarques sur l'absence d'Ursule et de mon mari.

J'avais de telles préoccupations, que ces perfides insinuations, qui, dans d'autres circonstances m'eussent été pénibles, m'étaient alors presque indifférentes.

En sortant de table, je prétextai de quelques lettres à écrire avant l'arrivée du courrier pour remonter chez moi. Je laissai mademoiselle de Maran occupée à son tricot.

Deux heures sonnèrent, ni Ursule ni Gontran n'étaient encore de retour.

Je vis venir Blondeau, je la priai de s'informer auprès de la femme de chambre d'Ursule si sa maîtresse lui avait donné quelques ordres.

Blondeau revint m'apprendre que madame Sécherin avait pris un livre dans la bibliothèque, et qu'elle était allée pour se promener.

Je parcourus le parc en tous sens, je ne trouvai pas Ursule.

Une petite porte donnant dans la forêt était ouverte. Ma cousine avait dû sortir par là. Peut-être la veille était-elle convenue d'un rendez-vous avec Gontran.

Cette idée m'effrayait, j'attachais la plus grande importance à ne pas être prévenue par Ursule auprès de mon mari.

Je revins au château le désespoir dans l'âme.

Mademoiselle de Maran me dit qu'elle commençait à être sérieusement inquiète d'Ursule, que je devrais envoyer quelques-uns de mes gens dans la forêt, qu'elle s'était peut-être égarée.

A ce moment ma cousine entra.

Elle me salua avec une cordialité aussi intime que si la scène du matin n'avait pas eu lieu.

Son teint était animé, ses yeux brillaient, je ne sais quel air de triomphe et d'orgueil éclatait sur tous ses traits ; ses bottines de soie un

peu poudreuses montraient qu'elle avait assez
longtemps marché, les rubans dénoués de son
chapeau de paille doublé d'incarnat flottaient
sur ses épaules, et les longues boucles de ses
cheveux bruns un peu défrisées s'allongeaient
jusqu'à la naissance de son sein à demi-voilé
par un fichu à la paysanne.

Elle tenait dans une de ses mains un gros
bouquet de fleurs sauvages.

Elle dit à mademoiselle de Maran et à moi
qu'elle avait voulu sortir du parc et qu'elle
s'était à demi-égarée dans la forêt ; mais, que
trouvant le temps magnifique, elle avait voulu
profiter d'une des dernières belles journées
d'automne : elle s'était amusée à cueillir des
fleurs, et n'avait songé à retrouver son chemin
qu'après avoir fait au moins une grande lieue.
Un bûcheron, auquel elle s'était adressée,
l'avait rencontrée, et l'avait ramenée jusqu'au
château.

Ce récit, fait simplement, naturellement,
dissipa ma défiance, si justement éveillée.

Je crus d'autant plus à ce que disait Ursule,
qu'environ une demi-heure après son retour,
au moment où le courrier venait d'apporter

nos lettres, le garde qui avait accompagné mon mari vint me dire de sa part que sa chasse s'était prolongée plus qu'il ne l'avait pensé, que je fusse sans inquiétude, qu'il reviendrait le soir pour dîner.

J'interrogeai ce garde; il me dit n'avoir quitté mon mari que depuis une heure environ, à l'étang des Sources où il chassait encore.

Ces renseignements me rassurèrent complètement.

J'attachais tant de prix à voir mon mari avant Ursule, que de nouveau je recommandai à Blondeau de guetter son arrivée et de le conduire chez moi en lui disant que j'avais à lui parler des choses les plus importantes.

Cet ordre donné, je rentrai au salon.

Je trouvai mademoiselle de Maran lisant avec attention les lettres qui venaient de lui arriver de Paris.

Je ne sais si elle s'aperçut ou non de ma présence, mais elle ne quitta pas des yeux les lettres qu'elle lisait et s'écria plusieurs fois avec les marques du plus grand étonnement :

— Ah! mon Dieu... mon Dieu... qui est-ce

qui aurait cru cela? on lui aurait donné le bon Dieu sans confession. Qu'est-ce que cela va devenir... faut-il le prévenir?... faut-il lui cacher? c'est terrible!...

Impatientée de ces exclamations, ne pouvant supposer que ma tante ne m'eût pas vue entrer... je lui dis :

— Avez-vous de bonnes nouvelles de Paris, Madame?

Mais elle, sans me répondre, sans paraître m'entendre, continua de se parler à elle-même.

— Quel éclat ça va faire... D'un autre côté, comment l'empêcher?... Comme c'est encore heureux que *je sois venue ici pour arranger tout cela!*

Ces derniers mots de ma tante me donnèrent à penser et m'effrayèrent. J'ignorais ce dont il s'agissait; mais, en entendant dire à mademoiselle de Maran qu'il était « heureux « qu'elle fût venue pour arranger quelque « chose, » un secret pressentiment m'avertissait que son arrivée à Maran cachait de méchants desseins et que ses terreurs des révolutionnaires de Paris n'étaient qu'un prétexte.

Je m'approchai d'elle; je lui répétai cette

fois assez haut pour qu'elle ne pût feindre de ne pas m'entendre :

— Avez-vous de bonnes nouvelles de Paris, Madame?

Elle fit un mouvement de surprise, et me dit :

— Comment... vous étiez là... Est-ce que vous m'avez entendue ?...

— Je vous ai entendue, Madame; mais je n'ai pu rien comprendre à ce que j'ai entendu.

— Tant mieux, tant mieux; car il n'est pas temps... Ah! mon Dieu, mon Dieu, c'est-y donc possible! — reprit mademoiselle de Maran en levant les mains au ciel.

— Vous semblez préoccupée, Madame.... Je vous laisse — lui dis-je.

— Je semble préoccupée... je le crois bien, il y a de quoi, vous n'en saurez que trop tôt la raison.

— Cette lettre peut donc m'intéresser, Madame?

—Vous intéresser? vous intéresser... plus que vous ne le pensez. Hélas! vous m'en voyez tout abasourdie.... toute je ne sais comment, de cette nouvelle! Mais je ne puis encore y croire... non, non ; n'est-ce pas que vous êtes incapable de cela ?

— Mais de quoi, Madame ? sont-ce de nouvelles inquiétudes que vous voulez me donner ? De grâce, expliquez-vous.

— Que je m'explique ! est-ce que c'est possible en l'absence de votre mari ! Il faut l'attendre... Et encore je ne sais si j'oserai... dites donc, est-ce qu'il est toujours violent comme on dit qu'il était avant son mariage ? C'est qu'alors il faudrait de fameux ménagements.

Je regardai fermement ma tante.

— J'aurais été bien étonnée, Madame, que votre arrivée ne fût pas signalée par quelque triste événement... Je suis résignée à tout, et je mets ma confiance dans le cœur de mon mari.

— Ah bien alors ; puisqu'il en est ainsi, tant mieux ! je n'aurai pas à prendre de grandes précautions oratoires : vous avez raison de placer votre confiance dans le cœur de votre mari, ça répond à tout... Vous avez là une ingénieuse idée... C'est égal, défiez-vous toujours de son premier mouvement, et tâchez de n'être pas seule, car, hélas ! pauvre chère enfant, je suis bien faible, bien vieille, et je ne pourrais pas vous défendre.

— Me défendre... et contre qui?

— Contre votre mari... car, malgré moi, je pense toujours que le prince Kserniki a souvent battu comme plâtre la belle princesse Ksernika, sa femme, pour bien moins que ça, ma foi!

— Je vois avec plaisir, Madame, à ces exagérations, que vous voulez faire une triste plaisanterie.

— Une plaisanterie? Dieu m'en garde!... Vous ne verrez que trop que rien n'est plus sérieux; tout ce que je puis, tout ce que je dois faire, comme grand'parente, c'est de m'interposer si les choses allaient trop loin.

Je connaissais trop ma tante pour espérer de la faire s'expliquer et de mettre un terme à ses mystérieuses réticences; je lui répondis donc avec un sang-froid qui la contraria extrêmement :

— Veuillez m'excuser si je vous quitte, Madame; je voudrais aller m'habiller pour dîner.

— Allez, allez, chère petite, et faites-vous le plus jolie possible; ça désarme quelquefois les plus furieux : la belle princesse Ksernika s'y connaissait, et elle n'y manquait jamais. Elle s'attifait toujours à ravir pour conjurer l'orage conjugal, elle arrivait toujours triomphante et pimpante ; aussi gagnait-elle, à ses beaux atours, de n'avoir jamais qu'un membre cassé à la fois par ce cher et bon prince.

Je sortis sans entendre la suite des odieuses plaisanteries de mademoiselle de Maran, je montai chez moi pour attendre Gontran.

A son retour de la chasse il vint me trouver, ainsi que je l'en avais fait prier.

Je fus frappé de son air radieux, épanoui, lui que j'avais vu depuis plusieurs jours si pensif et si triste.

En entrant chez moi il m'embrassa tendrement et me dit :

— Pardon, mille pardons, ma chère Mathilde, de vous avoir peut-être inquiétée; mais je me suis laissé aller, comme un enfant, au plaisir de la chasse, et, comme toujours, j'ai compté sur votre indulgence.

Les excuses de mon mari me surprenaient, depuis longtemps ils ne m'en faisait plus.

— Je suis ravie — lui dis-je — que cette chasse

ait été heureuse; vous semblez moins soucieux que ces jours passés.

— Mon Dieu, rien de plus simple; vous le savez, souvent les plus petites causes ont de grands effets. Ce matin, en m'en allant sur mon poney, j'étais de mauvaise humeur, je commençai la chasse machinalement, sans plaisir, le ciel était voilé de brouillard. Tout à coup un brillant rayon de soleil perce les nuages; la nature semble s'illuminer, resplendir: je ne sais pourquoi je fis comme la nature; mais, j'étais morose, et je devins tout-à-coup heureux et gai... heureux et gai comme à vingt ans, ou mieux... heureux et gai comme le jour où vous m'avez dit: Je vous aime. Voyons... regardez-moi — me dit Gontran avec charme — regardez-moi et comparez, madame, si vous avez, comme moi, conservé un souvenir immortel de ce beau jour.

Cela était vrai, de la vie je n'avais vu à mon mari une physionomie à la fois plus riante et plus indiciblement heureuse.

— En effet... — lui dis-je sans pouvoir cacher ma surprise — votre figure respire le bonheur et me rappelle bien de beaux jours...

— Oh! oui — reprit-il avec expansion. — Mon bonheur est immense, il resplendit autour de moi et malgré moi... Il s'agirait, je crois, de ma vie, que je ne pourrais cacher combien je suis heureux !

— Béni soit donc ce rayon de soleil, mon ami, puisqu'il a eu le pouvoir de vous changer ainsi.

Gontran me regarda en souriant. — Oh ! il faut tout vous avouer; ce n'est pas seulement ce rayon de soleil qui m'a changé, il y a eu aussi, pour ainsi dire, un rayon de soleil moral qui est venu dissiper les ténèbres de mon esprit. Ai-je besoin de vous apprendre, bon ange chéri, que c'est votre pensée adorée qui a opéré ce prodige?

— Vraiment, Gontran? Mon Dieu! et comment cela ?

— Je me suis demandé pourquoi ma sombre tristesse contrastait ainsi avec le brillant éclat de la nature... Je me suis demandé si je n'avais pas tout ce qui rend l'existence adorable, si je ne devais pas tout cela à une femme bien-aimée, la plus belle, la meilleure, la plus généreuse de toutes celles qui se soient jamais dévouées au bonheur d'un homme : ce n'est pas tout, me suis-je dit, un nouveau gage d'amour, un nouveau lien ne va-t-il pas nous unir plus étroitement encore? Et je suis sombre, et je suis triste! et je ne jouis pas avec délices de chaque instant de cette vie. Alors, Mathilde, il m'a semblé que je sortais d'un mauvais songe.

Oh! Gontran... Gontran... dites-vous vrai, mon Dieu?

— Oh! oui, je dis vrai... le bonheur rend si confiant... si sincère... Une fois dans cette bonne voie que ta pensée m'avait ouverte, Mathilde; je n'ai pas craint de rechercher la cause première de cette sotte mauvaise humeur où j'étais retombé depuis quelques jours... Encore une petite cause, vous l'avouerai-j? oui, j'aurai ce courage. J'ai été assez sot pour ressentir un profond dépit des railleries de votre cousine! Oui, comme un écolier, comme un provincial, je lui avais gardé rancune de s'être moquée de mes déclarations; j'avais vu là une terrible atteinte non pas à mon amour... vous le préservez, mais à mon amour-propre... Heureusement, en songeant à Mathilde, au petit ange qu'elle promet à notre doux avenir, j'ai chassé ces mauvaises pensées et je lui reviens plus repentant et, ce qui vaut mieux, plus tendre, plus épris, plus passionné que jamais... — Et mon mari me baisa les mains avec une grâce enchanteresse.

Je croyais rêver.

Je ne pouvais croire ce que j'entendais. Quel revirement subit dans l'esprit de Gontran avait opéré ce changement? Ses paroles me semblaient naturelles, sincères, il invoquait la pensée de notre enfant avec une émotion si sérieuse, que je ne pouvais supposer qu'il me mentît : et puis quel eût été son but?

Ce bonheur inespéré, joint aux émotions si diverses de la journée, me bouleversa tellement que je tombai dans un fauteuil comme affaissée sur moi-même.

Je mis mon front dans mes deux mains pour recueillir mes idées. Après un moment de silence, je dis à Gontran :

— Pardon à mon tour, mon ami, si je ne réponds pas mieux à toutes vos ravissantes bontés; mais, quoique bien douce, ma surprise est si profonde que je ne puis trouver de paroles pour vous exprimer ma reconnaissance.

J'étais dans un embarras extrême ; je croyais à la sincérité du retour de mon mari, je ne savais si je devais ou non lui faire part de mon entretien avec Ursule, de ses cruels aveux et de l'espèce de défi qu'elle m'avait jeté au sujet de Gontran.

Pour tâcher de pressentir mon mari, je lui dis :

A propos, M. Sécherin est parti ce matin ; le savez-vous, mon ami ?

— Je le savais. Pourquoi sa femme ne l'a-t-elle pas accompagné ? c'était pour elle une excellente occasion de remplir sa promesse — me dit Gontran du ton le plus naturel. — Elle aurait dû agir ainsi — ajouta-t-il d'un ton de reproche — par égard pour vous, puisque je lui avais confié que votre tranquillité dépendait presque de son départ.

— Peut-être — dis-je en tâchant de sourire pour cacher mon émotion — peut-être se repent-elle de s'être montrée si cruelle pour vous et d'avoir repoussé vos soins, peut-être ce dédain de sa part était-il affecté.

— Oh ! alors tant pis pour elle — me dit

gaîment Gontran; — elle a laissé passer le *quart d'heure du diable*, comme on dit... Maintenant il est trop tard; mon ange-gardien est avec moi, et il a trop de beauté et trop de bonté pour ne pas me préserver et me défendre de tous les maléfices.

— Vous êtes maintenant bien rassuré, mon ami — dis-je en continuant de sourire; — mais ma cousine est bien adroite, bien séduisante, et votre pauvre Mathilde...

— Oh! ma *pauvre* Mathilde — me dit Gontran avec un accent rempli de tendresse — ma *pauvre* Mathilde est une petite moqueuse... Au lieu de prendre cet air humble et résigné, elle doit s'apercevoir qu'elle est de ce moment ma souveraine maîtresse. Tenez, entre nous, je lui crois, à cette *pauvre* Mathilde, des intelligences surnaturelles avec je ne sais quels bons génies invisibles qui d'un souffle changent l'orage en calme, la tristesse en joie douce et sereine : elle leur a fait un signe, et mon âme a été inondée de félicité... Ma *pauvre* Mathilde me rappelle enfin ces fées qui cachent longtemps leur pouvoir pour le révéler un jour dans toute sa majesté ; et j'aurais peur d'être désormais par trop son esclave, si ce n'était régner... que de lui obéir... Mais je vous laisse... mon bel ange-gardien ; faites vous jolie, bien jolie, pour que nous puissions nous dire d'un coup d'œil en regardant votre cousine : *Cette pauvre Ursule!*

Gontran, me baisant au front, me quitta, et me laissa dans une sorte d'enchantement.

## CHAPITRE VII.

LES BRUITS DU MONDE.

Maintenant que je réfléchis de sang-froid à ces paroles de mon mari, je ne comprends pas comment je pus croire à leur sincérité ; comment ce brusque et tendre retour de Gontran, si étrangement, si fabuleusement motivé, n'éveilla pas mes soupçons.

Mais alors j'ignorais encore que les protestations les plus passionnées servent souvent de voile à la perfidie, à la trahison. Et puis j'étais si malheureuse, j'avais tant besoin de trouver un bon sentiment chez mon mari que je me laissai aller aveuglément à ce bonheur inespéré. Je comptais d'ailleurs sur ma sagacité, sur ma pénétration pour découvrir les véritables intentions d'Ursule.

Le dîner fut très gai. Mademoiselle de Maran ne dit pas un mot qui eût trait aux menaces détournées qu'elle m'avait faites. Ursule me combla de prévenances.

De son côté Gontran m'entoura de soins si marqués, si affectueux, que plusieurs fois ma tante l'en plaisanta.

A la fin du repas ma cousine me dit avec une expression de regrets :

— Ah! que tu es heureuse de passer l'automne et une partie de l'hiver à la campagne... toi !

— Eh bien! — reprit mademoiselle de Maran — il me semble que c'est un bonheur que vous partagez, ma chère ; est-ce que cet excellent M. Sécherin n'est pas le plus heureux des hommes de vous voir et de vous savoir ici, jusqu'à la fin des siècles ? Est-ce qu'il n'a pas pris le soin complaisant de vous y amener lui-même, s'il vous plaît?

— Sans doute, madame — reprit Ursule — mais on ne fait pas toujours ce qu'on désire ; aussitôt après son retour ici, retour que je viens de hâter en lui écrivant tantôt, mon mari sera obligé de partir pour Paris, et, naturellement, je l'y accompagnerai.

— Ah! mon Dieu—s'écria ma tante—mais c'est du fruit nouveau, cela! Avant son départ il disait qu'il pouvait rester ici jusqu'au mois de janvier, que vous ne reviendriez à Paris qu'avec Mathilde et Gontran?

— Oui, madame, mais un de ses correspondants de Paris, dont j'ai reçu tantôt une lettre, car j'ouvre les lettres de mon mari en son absence — dit Ursule en souriant — lui annonce qu'il est indispensable qu'il se rende à Paris pour la fondation de la maison de banque à laquelle M. Sécherin s'est associé comme il vous l'a dit; aussi, ma bonne Mathilde, je n'ai plus que quatre ou cinq jours à passer avec toi : et même, une fois à Paris, nos sociétés seront si différentes... Moi..., modeste femme de banquier... toi, la brillante vicomtesse de Lancry, nous nous verrons donc bien rarement; ce sera presque une séparation.

— Mais vous deviez habiter ensemble à Paris pour continuer ce modèle des ménages unis et confondus — s'écria mademoiselle de

Maran. — Toutes ces belles résolutions sont donc changées ?

— C'étaient malheureusement de ces rêves de pensionnaires, impossibles à réaliser, Madame — dit Ursule en souriant. — Quoique, pour ma part, je regrette beaucoup de renoncer à cette espérance... je m'y résigne.

— Et puis avouez un peu, ma cousine, — dit gaîment mon mari — que le tableau que je vous ai fait du seul appartement dont nous pouvons disposer pour vous ne vous a pas séduite ?

— Vous êtes très injuste, mon cher cousin : nous nous serions accommodés de bien moins encore, pour avoir le plaisir de ne pas quitter cette chère Mathilde ; mais le faubourg Saint-Honoré est si loin du centre des affaires, que mon mari ne pourrait s'y fixer...

Le dîner était terminé, je me levai.

Gontran donna le bras à mademoiselle de Maran et passa devant moi et Ursule.

Celle-ci, au moment d'entrer dans le salon, me dit tout bas :

— Voilà comme je me venge... Êtes-vous contente ?...

Lorsque les gens eurent servi le café, mademoiselle de Maran prit un air grave, solennel, et dit :

— Maintenant, nous sommes seuls et en famille, nous pouvons parler à cœur ouvert.

En disant ces mots elle tira de sa poche les lettres qu'elle avait reçues de Paris le matin, en me jetant un regard d'ironie et de méchanceté.

— Que voulez-vous dire, Madame ? — dit Gontran.

— Vous allez le savoir : mais d'abord il faut me promettre d'être calme, de ne pas vous laisser entraîner à un premier mouvement... Mais, j'y pense, Ursule, allez donc voir s'il n'est resté personne dans la salle à manger.

Ursule se leva, ouvrit la porte, regarda et revint.

— Il n'y a personne, Madame.

— Mais encore, à quoi bon toutes ces précautions? — reprit Gontran.

— Bonaparte a dit qu'il fallait laver son linge sale en famille. Passez-moi l'expression en faveur de la pensée, qui est toute pleine de bon sens.... Mais avant de commencer —

ajouta mademoiselle de Maran en se retournant vers Ursule — il faut que je vous explique, chère petite, la contradiction apparente que vous remarquerez entre ce que je vais dire et ce que je vous ai appris.

— Comment, cela Madame?

— J'étais convenue avec Mathilde de ne pas parler des horribles calomnies dont elle avait été victime, des affreux chagrins qui avaient empoisonné les premiers mois de son mariage... Je vous ai donc représenté votre cousine, jusqu'ici, comme la plus adorablement heureuse des créatures; hélas! il n'en était rien, mais rien du tout : vous allez bien le voir, et apprendre qu'au contraire, depuis qu'elle est mariée, à part quelques petits quartiers de lune de miel, la vie de notre pauvre Mathilde n'a été qu'une longue torture... et que ce n'est rien encore auprès de ce que le sort lui réserve...

A mesure que mademoiselle de Maran me parlait, Ursule me regardait avec une surprise croissante; si je n'avais pas été si souvent trompée par son hypocrisie, j'aurais presque dit qu'elle me regardait avec intérêt.

— Mais, Madame, encore une fois, de quoi s'agit-il ?—demanda Gontran avec impatience.

— Mon pauvre Gontran — lui dit-elle, vous ne saurez cela que trop tôt..., car ça vous regarde au premier chef, et trop tard, car je crois bien que le mal est sans remède; mais, d'abord, il faut que vous me donniez votre parole de gentilhomme de ne croire tout au plus que la moitié de ce que je vous dirai, et de faire la part des circonstances et des mauvaises langues : après tout, c'est moi qui ai élevé votre femme; et, pour moi comme pour elle, il ne faut pas trop vous hâter de la juger défavorablement sur les apparences. Voyez-vous, nous pèserons bien sincèrement le pour et le contre; et puis après, n'est-ce pas? nous prendrons une résolution.

Il m'était impossible de prévoir où mademoiselle de Maran voulait en venir. J'avais une telle confiance dans moi-même que je n'étais nullement inquiète, bien que je m'attendisse à quelque méchanceté.

— Puisqu'il s'agit de moi, Madame — lui dis-je — je vous demande en grâce d'abréger ces préliminaires et d'arriver au fait.

— Allons, allons, voilà une généreuse impatience qui me rassure et qui est de bon augure. Eh bien donc, monsieur de Lancry, savez-vous quel est le bruit ou plutôt, ce qui est bien plus grave... quelle est la conviction des personnes de notre société que la révolution n'a pas chassées de Paris.

— Non, Madame...

— Eh bien... l'on est persuadé... l'on *sait* qu'avant d'aller à Rouvray, chez sa cousine, votre femme a été en catimini passer une nuit dans une maison de campagne de M. Lugarto, et que ce bel Alcandre à étoiles d'or en champs d'argent s'y trouvait seul bien entendu : ce qui peut joliment passer pour un tête-à-tête nocturne...

Mademoiselle de Maran, en disant ces mots, me lança un regard de vipère.

Je pâlis.

— Eh bien !... eh bien ! — s'écria-t-elle — voyez donc cette pauvre chère petite, comme la voilà déjà toute bouleversée !... Ah ! mon Dieu ! que je m'en veux donc d'avoir parlé maintenant !... Mais aussi elle semblait si sûre d'elle-même! Ursule, donnez-lui donc vite des sels, voilà mon flacon.

Ursule s'approcha de moi avec un air de commisération protectrice et triomphante : je la repoussai doucement, en lui disant que je n'avais besoin de rien.

Ce premier coup fut terrible, je n'y étais pas préparée, je restai muette.

Mon mari, qui un moment était devenu pourpre de colère ou de surprise, se remit, partit d'un grand éclat de rire et s'écria :

— Comment, mademoiselle de Maran.... vous?... vous donnez dans de pareilles histoires?... Je crois bien que cette pauvre Mathilde reste stupéfaite! Il y a de quoi, qui pourrait s'attendre à une pareille folie.

Je cherchais à la hâte le moyen de me disculper, en respectant le secret de Gontran s'il en était encore temps.

Mademoiselle de Maran parut très étonnée de l'indifférence avec laquelle Gontran accueillait cette révélation.

Elle reprit : — Mais attendez donc avant que de rire, mauvais garçon, que je vous complète au moins les faits qu'on me dénonce. On dit donc que votre femme a passé la nuit dans la maison de ce Lugarto. Maintenant les uns assurent et croient que c'était volontairement et par amour... Ce qui me semble hasardé, car ça ferait supposer que ma chère nièce est une indigne créature. Les autres prétendent, au contraire, que la pauvre chère petite s'y était rendue, en tout bien en tout honneur, pour racheter à Dieu sait quel prix un papier qui pouvait vous diffamer, mon cher Gontran. Là-dessus, remarquez bien, mes enfants, que je suis dans tout cela et de tout cela ni plus ni moins innocente que la nymphe Écho...

Je ne pouvais plus en douter, M. Lugarto avait tenu parole : pour se venger, il avait écrit à mademoiselle de Maran ou à quelque personne de sa connaissance plusieurs versions de cette nuit fatale qui devaient ou me perdre de réputation ou déshonorer Gontran.

Le faux et le vrai étaient si perfidement combinés et confondus, dans cette horrible calomnie, que le monde, par indifférence ou par méchanceté, devait tout admettre sans examen.

J'osais à peine jeter les yeux sur Gontran,

je m'attendais à une explosion terrible de sa part ; ma stupeur égala le désappointement de mademoiselle de Maran.

Mon mari, après avoir surmonté de nouveau une légère émotion, reprit avec le plus grand sang-froid, en haussant les épaules :

— Maintenant, Madame, ce ne sont plus même des calomnies, ce sont des folies ; et, en vérité, les temps où nous vivons sont bien graves pour qu'on puisse s'amuser à propager de si stupides niaiseries...

— Comment !... — s'écria ma tante — c'est ainsi que vous prenez cela ? Peste soit de votre philosophie !

— On serait philosophe à trop bon marché, madame, si l'on méritait ce titre parce qu'on méprise de vains bruits qui n'ont pas même la consistance d'une calomnie... Mathilde ne doit pas s'inquiéter de ces sottises ; en deux mots je vous rappellerai les tristes circonstances grâce auxquelles le nom de M. Lugarto a pu être malheureusement rapproché de celui de madame de Lancry. Cet homme a lâchement abusé d'une intimité que son amitié m'avait presque imposée, pour tâcher de nuire à la réputation de madame de Lancry. J'ai répondu à cette lâcheté comme je le devais, par un démenti et par une paire de soufflets en face de vingt personnes ; une rencontre a eu lieu, j'ai donné un coup d'épée à M. Lugarto ; le lendemain je suis parti pour l'Angleterre où m'appelaient d'assez graves intérêts. Aussitôt après mon départ, Mathilde a quitté Paris pour venir chez sa cousine passer le temps de mon absence ; j'ai été la rejoindre à mon retour de Londres, et je l'ai ramenée ici : voilà, madame, toute la vérité. Quant aux ridicules inventions dont on se donne la peine de vous faire part et sur lesquelles vous croyez devoir appeler notre attention, je vous le répète, cela ne vaut pas même un démenti ; je n'y songerais même déjà plus, si Mathilde n'avait pas été assez enfant pour s'en attrister un instant. Mais elle est excusable ; elle entre dans le monde, son âme pure et ingénue est naturellement impressionnable à des misères qui, plus tard, n'exciteront pas même son dégoût. — Puis s'adressant à moi, Gontran me dit avec l'accent le plus tendrement affectueux :

— Pardon, ma pauvre Mathilde, ma malheureuse liaison avec Lugarto vous cause encore cette contrariété, mais, je l'espère, ce sera la dernière.

Je fus profondément touchée du langage simple et digne de Gontran.

Depuis le commencement de cet entretien, ma cousine semblait profondément absorbée ; l'expression de sa figure avait complètement changée.

Mademoiselle de Maran, malgré son assurance, était déconcertée ; elle regardait attentivement, moi, Ursule, mon mari, pour tâcher de pénétrer la cause de l'indifférence ou de la modération de Gontran, modération qui m'étonnait moi-même autant qu'elle me touchait, car mon mari pouvait être justement blessé de certaines assertions de mademoiselle de Maran.

Après cette muette observation, qui dura quelques secondes, ma tante reprit d'un air de réflexion :

— Allons, Gontran... vous ne vous laissez pas déferrer, c'est déjà quelque chose ; vous sentez bien que tout ce que je demande au monde, c'est de pouvoir ne pas croire un mot de ce qu'on m'écrit et d'y répondre par un fameux démenti ; mais d'un autre côté, comme dit le proverbe : Il n'y a pas de fumée sans feu. Eh bien ! voyons. Entre nous, qui peut avoir allumé cette atroce flambée de mauvais propos-là ? Comment imaginer que des gens graves, sérieux, car ce sont des gens graves et sérieux qui m'écrivent, s'amusent à inventer l'histoire de la visite nocturne de Mathilde à M. Lugarto, s'il n'y avait rien eu de vrai là-dedans ? Après tout, vous devez le savoir mieux que personne, mon garçon : 1° ce Lugarto a-t-il eu entre les mains de quoi vous déshonorer ? 2° est-il capable, dans cette occurrence, de se dessaisir de ce susdit moyen de vous perdre, uniquement pour le plaisir de faire une action généreuse ? Quant à moi, ça me paraîtrait joliment problématique, hypothétique, pour ne pas dire drôlatique, de la part d'une pareille espèce toujours grinchante et malfaisante.

L'infernale méchanceté de mademoiselle de Maran la servait peut-être à son insu.

Il était impossible de toucher plus cruellement le vif des soupçons que devait avoir Gontran, au sujet de la reddition du faux, que M. Lugarto semblait lui avoir faite volontairement.

Quoique mon mari ne pût soulever cette question avec moi, puisqu'il me croyait dans une complète ignorance de cette funeste action, j'avais toujours remarqué qu'il entrevoyait quelque cause mystérieuse dans la restitution de M. Lugarto.

Mademoiselle de Maran était-elle instruite de tout? c'est ce que je ne savais pas encore. Néanmoins je m'attendais cette fois à un mouvement de colère de Gontran.

Je fus presque effrayée en le voyant écouter mademoiselle de Maran avec le même calme insouciant ; il haussa les épaules, sourit en me regardant et répondit :

— Cela n'est plus ni une calomnie, ni une stupidité, cela tombe dans le roman, dans le surnaturel. Est-ce tout, Madame? vos correspondants ne vous mandent-ils rien de plus? Ce serait dommage de s'arrêter en si bon chemin.

— Non, certainement, ça n'est pas tout !

— s'écria ma tante, ne pouvant plus contenir sa rage — je vous ai dit ce dont les gens les plus respectables étaient convaincus... maintenant je dois vous dire quels seront les effets de ces convictions... Ils vous seront joliment agréables, ces effets-là! Quoique vous criiez au roman et au surnaturel, vous et votre femme, vous aurez tout simplement l'inconvénient d'être partout montrés au doigt et de ne pas recevoir un salut sur dix que vous ferez. Ça vous étonne? Vous allez peut-être dire que c'est de la magie? rien de plus simple pourtant. Je vais vous démontrer cela, toujours d'après mon petit jugement.... Ou l'on croira que votre femme a sacrifié son honneur pour sauver le vôtre, mon garçon, et vous passerez pour un misérable,... ou bien l'on croira que votre femme a cédé à son goût pour Lugarto et elle passera pour une indigne, sans compter que dans cette circonstance encore on vous regardera comme le dernier des hommes, vu que vous aurez toléré ce goût-là, soit parce que vous deviez de l'argent à ce vilain homme, soit parce que votre femme vous ayant apporté toute sa fortune vous trouvez plus politique et plus économique de fermer les yeux.

— Vraiment, madame... on croit cela — dit Gontran.

— Sans doute, voilà ce que croient les bonnes gens, les gens inoffensifs, vos amis enfin...

— Et nos ennemis, madame ?

— Ah, ah, ah, vos ennemis, c'est bien une autre affaire ! ils croient, eux, que vous et Mathilde vous vous entendez comme deux larrons en foire : « S'il n'y avait qu'un cou-
« pable dans le ménage — disent ceux-là —
« soit l'homme, soit la femme, il y aurait eu
« scission entre eux ; une honnête femme ne
« reste pas avec un homme déshonoré ; elle
« peut sacrifier son honneur pour sauver ce-
« lui de son mari, mais une fois le sacrifice
« accompli, elle l'abandonne ; si elle reste
« avec lui, elle lui devient complice... d'un
« autre côté, un honnête homme ne reste pas
« avec une femme qui l'a outragé... s'il n'a
« pas de fortune, eh bien ! il vit de pri-
« vations plutôt que de laisser soupçonner
« qu'un honteux intérêt le retient auprès
« d'une épouse adultère... » Ainsi donc que

concluront vos ennemis ? ces langues assassines et vipérines en vous voyant toujours si bien ensemble ? Ils concluront que vous avez l'un pour l'autre toutes sortes d'abominables tolérances.

— Enfin... enfin, je devine tout maintenant ! — m'écriai-je, en interrompant mademoiselle de Maran — votre haine vous a emportée trop loin, madame, vous vous êtes trahie malgré vous... Béni soit Dieu qui nous dévoile ainsi les inimitiés qui nous poursuivent...

— Comment... comment... elle est folle, cette petite... — dit mademoiselle de Maran.

— Gontran... Gontran... je me demandais pourquoi celle qui est pourtant la sœur de mon père était venue ici... Elle vous l'apprend... Oui... Madame... maintenant je comprends tout... vous voulez par vos calomnies, élever d'affreuses discussions entre nous et nous désunir.. En effet, Madame, c'eût été un beau triomphe pour vous... il y a une année à peine que nous sommes mariés ! et une séparation perdait à jamais ou moi ou Gontran, car elle autorisait les bruits les plus odieux.

La contraction des sourcils de mademoiselle de Maran me prouva que j'avais frappé juste.

Elle se prit, selon son habitude, à rire aux éclats pour cacher sa colère.

— Ah!... ah!... ah!... qu'elle est donc amusante, cette chère petite, avec ses suppositions ; mais, folle que vous êtes, est-ce que je vous parle en mon nom? Je viens en bonne et loyale parente, s'il vous plaît, ne l'oubliez pas, vous dire : Mes chers enfants, prenez garde, voici ce qu'on croit... ce n'est pas un vain bruit, un caquet, un propos, ce sont les convictions de personnes sérieuses, graves, dont la parole a la plus grande autorité... maintenant que le monde interprète ainsi votre conduite, puisqu'il est impossible de lui ôter cette créance... puisque vous êtes déshonorés sinon l'un *et* l'autre... du moins l'un *ou* l'autre... je viens en bonne et loyale parente vous...

Gontran interrompit mademoiselle de Maran et lui dit :

— Il me semble, madame, que le monde

aurait un moyen beaucoup plus simple et beaucoup plus naturel d'interpréter la persistance de l'attachement que moi et madame de Lancry continuons d'avoir l'un pour l'autre, ce serait de croire que nous vivons en honnêtes gens, que, n'ayant rien à nous reprocher mutuellement, nous méprisons profondément tant d'atroces calomnies, et que nous avons trop de bon sens pour mettre notre bonheur à la merci de la première calomnie venue. Cette version aurait de plus l'avantage d'être la seule possible et vraie ; ce qui n'est pas peu de chose, je crois. En résumé, madame, je ne partage pas pourtant la susceptibilité et la défiance de Mathilde. La pauvre enfant a déjà tant souffert des méchants que, dans son ressentiment un peu aveugle, elle a pu un moment vous confondre avec eux ; elle se trompe, je n'en doute pas ; en nous parlant comme vous faites, vous cédez à l'intérêt que nous vous inspirons, mettez donc le comble à vos bontés, conseillez-nous, que devons-nous faire pour convaincre nos amis qu'ils sont dupes d'une calomnie, et pour prouver à nos ennemis qu'ils sont des infâmes.

— Mon beau neveu — dit mademoisselle de Maran avec rage — je ne conseille plus, l'heure est passée, mais je devine et je predis... Écoutez-moi donc, si vous êtes curieux du présent et de l'avenir : dans votre joli petit ménage, l'un de vous est dupe et victime, l'autre est fripon et bourreau; une rupture deviendra nécessaire entre vous, et cela plus prochainement que vous ne pensez, parce que la victime finira par se révolter... Mais cette rupture sera trop tardive, mes chers enfants; le monde aura pris l'habitude de voir en vous deux complices... il continuera de vous mépriser... cette séparation, qui aurait pu au moins sauver la réputation de l'un de vous deux, ne sera qu'un nouveau grief contre vous... on vous prendra pour deux coquins même trop scélérats pour pouvoir continuer de vivre ensemble... Cela vous paraît drôle... et j'ai l'air d'une lunatique... Eh bien!... vous viendrez me dire un jour si je me suis trompée... un mot encore, et ne parlons plus de cela... Cette abominable révolution a tellement effarouché mes amis que je ne voyais presque personne et je ne savais presque rien de tout ceci. Sur quelques bruits qui m'en étaient pourtant revenus, je priai votre oncle M. de Versac et M. de Blancourt, deux de mes vieux amis, d'être aux aguets, de s'enquérir et de m'écrire ce qu'ils entendraient dire ou sauraient avoir été dit... voici leurs lettres... lisez-les... vous verrez que je n'invente rien. Maintenant plus une parole à ce sujet... faisons un wisth, si vous le voulez bien... si Mathilde est trop fatiguée, nous ferons un mort avec vous Ursule... Tout cela finit à merveille, vous êtes content et résigné, mon beau neveu; tant mieux, j'en suis toute aise, toute épanouie, j'en piaffe, j'en triomphe, car dites donc, moi, qu'est-ce que je veux? votre bonheur. Eh bien, plus on vous méprise tous deux, plus vous êtes heureux... ça me met joliment à même de travailler à votre félicité, n'est-ce pas? là-dessus, sonnez et demandez des cartes...

Je remontai chez moi, laissant Ursule, mon mari et mademoiselle de Maran jouer au wisth.

Cette occupation leur permettait au moins de garder le silence après une scène si pénible.

## CHAPITRE VIII.

BONHEUR ET ESPOIR.

J'étais dans une extrême perplexité, je ne savais si le calme de Gontran était réel ou simulé ; je fus encore sur le point, malgré les recommandations de M. de Mortagne, de tout dire à mon mari, au sujet de cette nuit fatale.

Mais je pensai que c'était peut-être en grande partie le désir de ne pas éveiller mes soupçons au sujet de ce malheureux faux qui avait rendu Gontran en apparence si indifférent aux attaques de mademoiselle de Maran. Connaissant l'infernale méchanceté de ma tante, je ne pouvais dissimuler que nous avions beaucoup à redouter de la malveillance du monde.

La froideur glaciale avec laquelle on avait

accueilli Gontran quelques mois auparavant semblait presque justifier les prévisions de mademoiselle de Maran : j'étais inquiète de savoir si Gontran viendrait chez moi avant que de rentrer chez lui, je voulais lui dire combien j'étais contente de voir Ursule partir. J'attribuais cette résolution de ma cousine moins au sentiment généreux qu'à la crainte de me voir prévenir son mari de mes soupçons, ainsi que je l'en avais menacée, et d'éveiller ainsi sa défiance pour l'avenir. En cela je reconnus la justesse des conseils de madame de Richeville.

Sur les onze heures, Gontran frappa et entra chez moi.

J'interrogeai ses traits presqu'avec anxiété, tant je craignais de leur voir une expression menaçante.

Il n'en fut rien, il avait peut-être au contraire l'air plus tendre, plus affectueux encore.

— Ah! mon ami — m'écriai-je — que mademoiselle de Maran est donc méchante!... Venir ici dans le but si odieux d'exciter entre nous peut-être une rupture violente en nous rapportant les plus affreuses calomnies.

— Sans croire positivement comme vous que tel ait été le but du voyage de votre tante, je pense qu'elle s'ennuyait un peu de n'avoir personne à tourmenter, et que sachant à peu près d'avance le contenu des lettres de mon oncle et de M. de Blancourt elle était venue pour jeter entre nous ce brandon de discorde. Vous aviez raison, Mathilde, mademoiselle de Maran est plus méchante que je ne le pensais : désormais nous n'aurons aucun motif pour la voir.

— Ah! mon ami, que vous êtes bon!... si vous saviez quel plaisir me fait cette promesse, j'ai toujours eu le pressentiment que nos chagrins viendraient de mademoiselle de Maran.

— Heureusement, dans cette circonstance, en voulant nous nuire elle nous a servis presque à son insu.

— Comment cela?

— J'ai lu les lettres de mon oncle et de M. de Blancourt; il est évident que les bruits les plus mensongers et les plus odieux circulent sur nous, la malignité a exploité des faits très simple, et les a odieusement dénaturés; ainsi, parce que j'étais allé chercher en Angleterre des papiers qui pouvaient compromettre une tierce personne, on a dit que Lugarto avait en son pouvoir de quoi me déshonorer. Je ne veux pas non plus rechercher davantage ce qui a pu donner lieu à la fable absurde de cette nuit que vous auriez été passer dans la maison de Lugarto ; je sais l'horreur qu'il vous inspirait, mais tenez je suis fou... c'est vous outrager que de s'appesantir un moment sur de pareilles infamies. Cette méchanceté de mademoiselle de Maran nous peut servir, en cela qu'elle nous apprend du moins ce que disent nos ennemis. Cette révélation doit surtout apporter quelques changements à nos projets; ainsi je serais d'avis, si toutefois vous y consentez, d'éloigner de beaucoup notre retour à Paris, de n'y revenir, je suppose, que dans un an ou quinze mois, et de rester ici jusque-là ; les évènements politiques seront un excellent prétexte à notre absence... Je connais Paris et le monde, dans six mois on ne s'occupera plus de nous ; dans un an toutes ces misérables calomnies seront complètement oubliées... si, au contraire, nous arrivions à Paris dans quelques semaines comme nous en avions le dessein, nous tomberions au milieu de ce déchaînement universel qui vous étonnerait moins, si vous connaissiez mieux le monde... Vous êtes belle, vertueuse... vous m'aimez, vous m'avez choisi ; en voilà plus qu'il n'en faut pour exciter toutes les haines et toutes les jalousies qui ne manqueront pas d'exploiter ce qu'il peut y avoir de mystérieux dans mes relations passées avec Lugarto... Si j'étais seul, je mépriserais ces vains bruits, mais j'ai à répondre de votre bonheur, et je serais le plus coupable des hommes, si je n'agissais pas de façon à vous épargner de nouveaux chagrins, à vous qui avez déjà tant souffert pour moi... Ce qu'il y a de plus sage, de plus prudent, est donc de suspendre indéfiniment notre retour à Paris.. Dites Mathilde.., êtes-vous de mon avis ? je vous en prie, répondez-moi.

— Eh ! mon Dieu ! le puis-je — m'écriai-je dans un élan de joie impossible à décrire — puis-je répondre lorsque mon cœur bat à se rompre de surprise et de bonheur ! Mon Dieu, mon Dieu ! vous voulez donc me rendre folle aujourd'hui, Gontran ? Dites ? Oh ! non, c'est trop de félicité en un jour. Retrouver votre tendresse, avoir la certitude de rester ici seule avec vous longtemps, longtemps, au lieu d'aller à Paris; encore une fois, Gontran, c'est trop..... Je ne demandais pas tant..... mon Dieu!

Et je ne pus m'empêcher de pleurer de bien douces larmes, cette fois.

Pauvre petite! — me dit Gontran. — Hélas! votre étonnement est un reproche cruel, et je ne le mérite que trop, cela est vrai pourtant; je vous ai assez déshabituée du bonheur pour que vous pleuriez des larmes de ravissement inespéré, en m'entendant vous dire que je vous aime et que nous resterons ici longtemps... Oh! tenez, cela est affreux... Quand je pense qu'un moment je t'ai méconnue; pauvre ange bien-aimé... Doù vient donc, qu'au lieu de jouir de la délicatesse exquise de ton esprit, de l'adorable bonté de ton âme, j'ai laissé mon cœur s'engourdir pendant que je me livrais à je ne sais quelle existence grossière, stupide et brutale? Est-ce un rêve? Est-ce une réalité? dites, dites, mon bon ange gardien? Oh! oui, dites-moi bien que nous

nous sommes endormis à Chantilly, que nous nous sommes réveillés à Maran...

— Oh ! parlez ainsi, parlez encore de votre voix si douce et si charmante — dis-je à mon mari en joignant mes deux mains avec une sorte d'extase. — Oh ! parlez encore ainsi, vous ne savez pas combien ces bonnes et tendres paroles me font de bien ; quel baume salutaire elles répandent en moi... Oh! Gontran... il me semble que notre enfant en a doucement tressailli ; oui, oui, joie et douleur, ce pauvre petit être partagera tout, ressentira tout désormais... Aussi, merci à genoux pour lui et pour moi, mon tendre ami, merci à genoux du bonheur que vous nous causez. . . .

. . . . . . . . . . . . . . . . . . . . .

Je passai les jours qui suivirent cette conversation avec Gontran dans un enchantement continuel ; il était impossible d'être plus tendre, plus attentif, plus prévenant que ne l'était mon mari.

Mademoiselle de Maran, voyant ses méchants projets presque complètement avortés, ne dissimulait pas son mécontentement et parlait de son prochain départ, feignant d'être plus rassurée par les dernières nouvelles de Paris.

Ursule attendait son mari d'un moment à l'autre.

Ainsi qu'elle me l'avait promis, elle lui avait écrit pour lui demander d'aller à Paris avec lui au lieu de rester à Maran, comme cela avait été d'abord convenu entre eux.

Depuis le jour où elle avait entendu mademoiselle de Maran parler des calomnies que nous avions à redouter, je remarquai un singulier changement dans les manières de ma cousine envers moi et Gontran.

Avec mon mari, elle était de plus en plus moqueuse, ironique, altière ; avec moi, dans les rares occasions où nous nous trouvions seules, elle était gênée, confuse, elle me regardait parfois avec une expression d'intérêt que je ne pouvais comprendre; souvent je vis qu'elle était sur le point de me parler avec abandon comme si elle eût eu un secret à me confier, et puis elle s'arrêtait tout-à-coup. D'ailleurs j'évitais autant que possible de me trouver seule avec elle.

Je passais mes matinées avec Gontran.

Après déjeuner, nous faisions de longues

promenades en voiture, pendant lesquelles on échangeait quelques rares paroles; nous dînions, et le wisth de mademoiselle de Maran occupait la soirée. Maintenant que le passé m'a éclairée, je me souviens de bien des choses que je remarquais alors à peine parce que je ne pouvais m'en expliquer la portée.

Ainsi, quoique mon mari me témoignât toujours la plus parfaite tendresse depuis ce jour où il était revenu si brusquement à moi, il semblait profondément rêveur, préoccupé.

Quelquefois il avait des distractions inouïes, d'autres fois il me semblait sous l'impression d'un *étonnement* extraordinaire, presque douloureux, comme s'il eût en vain cherché le mot d'un cruel et étrange mystère.

Ses élans de joie folle, qui m'avaient d'abord tant étonnée, ne reparurent plus. Souvent même je vis ses traits obscurcis par une expression de tristesse amère.

Je lui en témoignai ma surprise, il me répondit avec douceur :

— C'est que je pense aux chagrins que je vous ai causés.

Quoique ces symptômes eussent dû me paraître singuliers, je ne m'en inquiétais pas; Gontran était rempli de soins et de bonté pour moi, il me parlait de plus en plus de la nécessité de rester à Maran pendant au moins une année, autant pour donner aux propos le temps de s'oublier que par une économie que notre nouvel avenir rendait nécessaire.

Je le répète, je ne pouvais donc pas m'effrayer des singulières préoccupations de Gontran, j'aurais craint de l'impatienter par mes questions à ce sujet.

Sans doute avertie par son instinct qui la portait à aimer mes ennemis, mademoiselle de Maran semblait avoir pris Ursule en une tendre affection; elles faisaient quelquefois ensemble de longues promenades à pied.

Ma tante avait d'abord évidemment cru que Gontran s'occupait d'Ursule; ses plaisanteries perfides à M. Sécherin me l'avaient prouvé, mais les marques d'intérêt que me témoignait Gontran et la froideur que lui marquait Ursule semblaient dérouter ses soupçons.

Ursule se promenait presque tous les matins dans le parc, Gontran avait choisi cette heure pour faire de la musique avec moi comme autrefois.

Enfin, sauf l'ennui d'avoir auprès de nous deux personnes que je me savais hostiles, jamais, depuis mes beaux jours de Chantilly, je n'avais été plus complètement heureuse.

Cet état de contrainte allait pourtant cesser, j'allais me retrouver seule avec Gontran et notre amour.

La dernière lettre qu'Ursule avait reçue de M. Sécherin, à qui elle écrivait régulièrement tous les deux jours, lui annonçait son arrivée pour le 15 décembre.

Je n'oublierai jamais cette date.

Ce jour est venu.

Quoique M. Sécherin fût ordinairement très exact à répondre à sa femme, celle-ci n'avait pas reçu de lettre de lui depuis trois jours.

Elle n'était nullement inquiète de ce silence, elle y voyait, au contraire, une nouvelle preuve de l'arrivée de son mari, qui l'aurait nécessairement avertie dans le cas où ses projets eussent été changés.

J'allai me mettre à mon piano avec Gontran.

Blondeau vint me demander si je pouvais recevoir Ursule.

Mon mari prévint un refus que j'allais faire en me disant :

— Elle part aujourd'hui, c'est une formalité de simple politesse; recevez-la, je reviendrai tout-à l'heure.

Quoique cette entrevue dût m'être extrêmement désagréable, je n'hésitai pas à suivre le conseil de mon mari.

Ursule entra.

Nous restâmes seules.

## CHAPITRE IX.

REPENTIR.

Ursule était triste et grave.

— Après ce qui s'est passé entre nous — me dit-elle — je n'ai pas cru devoir partir sans vous revoir et sans vous entretenir un moment... Mon mari arrive ce matin, dans une heure peut-être une dernière explication serait impossible.

— Une explication... à quoi bon ? Elle est inutile.

— Peut-être pour vous — me dit Ursule — vous n'avez rien à vous reprocher à mon égard... tandis que moi, je vous l'avoue sans honte, j'ai eu de grands torts envers vous...

Je regardai Ursule avec défiance, je m'attendais de sa part à quelque retour, non de sentiment, mais d'hypocrisie.

Mais j'avais été tant de fois sa dupe, que je ne craignais plus d'être faible et confiante comme par le passé.

Pourtant une chose m'étonnait : ma cousine n'affectait plus le ton mélancolique et plaintif qu'elle employait ordinairement comme l'une de ses séductions les plus irrésistibles. Son abord était froid et calme.

— Vous avez en effet eu des torts envers moi — lui dis-je ; — au moment de nous quitter, je ne vous les aurais pas rappelés : toute liaison, toute amitié est rompue entre nous ; nous resterons désormais étrangères l'une à l'autre. Peut-être un jour oublierai-je le mal que vous m'avez fait.

— Ne vous méprenez pas sur les motifs de cette dernière entrevue — me dit Ursule — je ne viens pas vous demander d'oublier mes aveux sur l'envie que vous m'aviez de tout temps inspirée, ni sur les instincts d'aversion qui en avaient été la suite.

— Alors, pourquoi cet entretien ?

— Écoutez-moi, Mathilde, déjà vous m'avez

vue sous des faces bien différentes; un jour,
femme éplorée, gémissante, incomprise, comme vous dites... l'autre jour, femme altière,
ironique, insolemment coquette, et affichant
les théories les plus cyniques; aujourd'hui,
descendant à flatter les goûts vulgaires de mon
mari, et le rendant, après tout, heureux comme il peut et comme il veut l'être... demain,
le trompant sans remords et usant de l'hypocrisie la plus perfide pour le détacher de sa
mère qui me détestait... Eh bien! ces aspects
déjà si divers de mon caractère ne sont encore
rien auprès des mystères de mon âme, car je
réunis en moi bien des contrastes, Mathilde...
ainsi j'ai un besoin immodéré de luxe, d'éclat
et d'élégance; cette passion de briller est
poussée chez moi à un tel point, que, je l'avoue à ma honte, j'aurais épousé le vieillard
le plus repoussant pour la satisfaire... Eh
bien, j'ait pourtant la courageuse patience
d'aller m'enterrer en province dans une vie
misérable et bourgeoise pour donner à mon
mari le temps d'augmenter sa fortune et de
me mettre à même de mener à Paris l'existence somptueuse que j'ai toujours rêvée, et

pour laquelle j'aurais été capable de tout sacrifier. J'aime à dominer impérieusement, et il y a des dominations despotiques presque brutales que j'adorerais. Je suis fausse, dissimulée par nature et par calcul, et quelquefois j'ai des accès de franchise insensée. En un mot, je suis à la fois capable de beaucoup de mal et quelquefois de beaucoup de bien. Oh! ne souriez pas d'un air incrédule et méprisant, Mathilde... oui, de beaucoup de bien... dans ce moment même, je puis vous en donner une preuve ; sans doute, ce bien est mélangé de mal comme tout ce qui ressort de l'humanité... Mais je crois pourtant que le bien domine, vous allez en juger... Il y a huit jours, nous eûmes ensemble un long entretien où je vous avouai la jalousie que vous m'aviez toujours inspirée ; oui, je vous enviais profondément ; jeune, belle, riche, spirituelle, donnant une grâce irrésistible à la vertu et à la dignité, séduisant enfin par des qualités qui ordinairement imposent... mais n'attirent pas... Je ne voyais rien de plus parfait que vous.

— Ces flatteries...

— Oh! ce ne sont pas des flatteries, Mathilde... j'ai été témoin de votre puissance de séduction... pour plaire à une pauvre vieille bourgeoise provinciale, je vous ai vue faire plus de frais et de frais charmants qu'il n'en faudrait pour tourner la tête de vingt *élégants;* car vous avez, chose inestimable, la coquetterie de la vertu, comme tant d'autres femmes ont la coquetterie du vice... Enfin, vous réunissiez alors comme vous réunissez encore tous les avantages qui me manquent; seulement, il y a huit jours, Mathilde, je vous enviais ces avantages, parce que je croyais que vous leur deviez un insolent bonheur... mais, aujourd'hui...

— Eh bien... aujourd'hui — dis-je à Ursule en voyant son hésitation.

— Aujourd'hui, je vous sais malheureuse... Oui, je vous sais la plus malheureuse des femmes et je n'ai plus le courage de vous envier ces rares et brillantes qualités... c'est encore un contraste que vous expliquerez comme vous le pourrez.

— Votre pénétration habituelle est en défaut — dis-je à Ursule — car justement depuis huit jours, depuis que je vous semble si digne de pitié, je n'ai jamais été plus heureuse — et j'ajoutai avec orgueil : — Jamais mon mari ne s'est montré pour moi plus prévenant et plus tendre...

— Nous parlerons plus tard de ces prévenances et de ces tendresses — me dit Ursule avec un singulier regard. — Parlons d'abord de la cause qui a changé ma haine et ma jalousie en pitié... Si vous me le permettiez, je dirais en intérêt... Mademoiselle de Maran, je ne sais dans quel but, dans celui sans doute d'exciter davantage mon envie, s'est plu à exagérer encore votre bonheur à mes yeux jusqu'au jour où elle vous a appris devant moi les calomnies dont vous êtes victime ; tout en faisant la part de sa méchanceté, je suis restée convaincue d'une chose, c'est que vous êtes la plus honnête, la plus noble femme qu'il y ait eu au monde et que pourtant votre réputation est sinon perdue, du moins à tout jamais compromise !

— Vous vous trompez... la vérité finit par se faire jour...

— Hélas ! Mathilde, ne vous abusez pas, le faux et le vrai sont malheureusement si mélangés dans les événements qui ont motivé les injustes jugements du monde, qu'il sera bien difficile de les combattre. Dans le doute, la société ne s'abstient pas, elle condamne ; aussi, je vous le répète, maintenant je me vois trop cruellement vengée des avantages que je vous enviais.

J'étais indignée de l'espèce de commisération qu'affectait Ursule ; ses louanges me révoltaient ; quoique ce qu'elle me disait sur ma réputation n'eût, hélas! que trop de vraisemblance, je ne voulais pas en convenir devant elle.

— Je conçois — dis-je à ma cousine — que vous ayez grand besoin de croire à cette singulière répartition de la justice humaine, qui flétrirait les honnêtes femmes ! Mais ne vous hâtez pas de triompher; quoique vous espériez le contraire, tôt ou tard chacun est jugé selon son mérite... Dispensez-vous donc de me plaindre; quant à mes qualités, vous leur supposez une telle fin et une telle récompense que vos louanges sont autant de sarcasmes.

Ursule reprit avec un sang-froid imperturbable :

— C'est justement parce que ces qualités sont si mal récompensées que je les loue sans restriction, croyez-le bien. Quant à vous les envier, je n'ai garde... j'en serais trop embarrassée — ajouta-t-elle avec ce sourire qui lui était particulier. — Je n'ai pas vu le monde plus que vous — reprit-elle — mais par réflexion je le connais mieux que vous ne le connaîtrez jamais, quoi que vous disiez ; je suis donc convaincue que votre réputation a subi une mortelle atteinte malgré votre éclatante vertu.

— Madame...

— Ne prenez pas cette redite pour un outrage, Mathilde... non, non... Et tenez — reprit Ursule après un moment de silence — vous me croyez la plus fausse, la plus menteuse des femmes; ainsi au lieu d'être touchée de ce que je vais vous dire, vous allez sans doute en être irritée, vous allez encore me traiter d'hypocrite : il n'importe ; en ce moment, je parle pour moi et non pour vous... Eh bien! maintenant que je sais les affreux chagrins que vous avez ressentis, maintenant que je connais ceux qui vous attendent... eh bien! vrai... oh! bien vrai, Mathilde... je me suis repentie... profondément repentie du mal que je vous ai voulu... je n'ose dire... du mal que je vous ai fait.

En prononçant ces dernières paroles, la voix de ma cousine était émue, tremblante; sans ma défiance, j'aurais cru à ses remords, mais je savais Ursule si fausse, si comédienne, que je souris avec amertume et je repoussai sa main qui cherchait la mienne.

— Mathilde... vous ne me croyez pas?

— Non, et vos larmes vont sans doute bientôt venir à votre aide pour me convaincre?

— Mes larmes?... non, Mathilde... non... cette fois je ne pleurerai pas... car ma douleur est si profonde, si sincère, que pour vous y faire croire, je n'aurai pas besoin de larmes feintes.

Confondue du cynisme de cet aveu, je regardai ma cousine avec surprise.

Eh bien! oui... oui, je l'avoue... dussé-je passer pour stupide, pour folle; après tant de désillusions, après tant de déceptions, je fus émue, touchée malgré moi de l'expression de la physionomie d'Ursule et de l'indéfinissable douceur de son regard attendri.

Cette expression me frappa d'autant plus qu'elle ne ressemblait en rien aux affectations habituelles de ma cousine. Je crus, je crois encore qu'elle était alors sous l'influence d'un sentiment vrai.

Pourtant je voulus résister de toutes mes forces à cette sorte de fascination.

— Oh! vous êtes la plus dangereuse des femmes! — m'écriai-je — laissez-moi! laissez-moi!... S'ils sont réels, vos regrets sont vains : ils n'atténuent en rien vos torts affreux envers moi ; vous avez voulu détruire mon bonheur... Je n'ai pas été dupe de votre manége envers mon mari, et s'il n'avait pas pour vous le mép...

Le mot me paraissant trop dur, je voulus le retenir.

Ursule l'acheva.

— Le mépris, voulez-vous dire, Mathilde?... dites, dites !... je puis... je dois tout entendre de vous maintenant...

— Eh bien ! il n'a pas dépendu de vous que

vous n'ayez séduit mon mari, que vous n'ayez porté le dernier coup à une femme qui ne vous a jamais voulu que du bien... et que vous trouvez déjà si malheureuse,... si injustement malheureuse !... en admettant que votre intérêt soit sincère.

— Eh bien ! oui... cela est vrai — reprit Ursule — oui, dans cet entretien où vous assistiez à mon insu, je savais parfaitement qu'au lieu d'éteindre la passion de votre mari je l'irritais encore, autant par mon indifférence affectée que par mes railleries et par mes dédains.

— La passion ! — dis-je en haussant les épaules avec mépris... — lui Gontran... une passion pour vous? dites donc le goût, le caprice passager.

— Je dis la *passion*, Mathilde, parce qu'il s'agissait d'une passion... entendez-vous, parce qu'il s'agit d'une passion.

— Il s'agit d'une passion... maintenant vous osez le dire ? maintenant ?

— Ne croyez pas que je veuille en rien blesser votre amour-propre, je veux vous rendre un service, Mathilde, réparer en partie le mal que je vous ai fait, et, Dieu merci, il en est temps encore.

L'accent d'Ursule avait une telle autorité, que, malgré moi, je l'écoutai en silence.

— Oui — reprit-elle — je savais irriter la passion de votre mari. Ce calcul de ma part doit vous rassurer sur ce que je ressentais pour lui, mais non sur ce qu'il ressentait... sur ce qu'il ressent encore aujourd'hui pour moi.

— Oh! c'est indigne — m'écriai-je — quelle odieuse calomnie! ce sont donc là vos adieux? en partant vous voulez me laisser au cœur un affreux soupçon!

— Mathilde, par pitié pour vous, permettez-moi d'achever, mon mari peut arriver d'un moment à l'autre et rendre cet entretien impossible...

— Par pitié pour moi?...

— Oui... oui... par pitié pour vous, malheureuse femme... Écoutez moi, croyez-moi, je cède à un mouvement de générosité qui me consolera peut-être un jour de bien des mauvaises actions... écoutez-moi donc : si ce n'est pour vous... que ce soit au moins pour l'avenir de votre enfant.

— Quoi! vous savez!... — m'écriai-je stupéfaite, car je n'avais confié ce secret qu'à Gontran.

— Oui, oui... je le sais — reprit Ursule — et cette raison surtout, en augmentant mes remords, m'a déterminée à agir comme je fais...

Après un mouvement d'hésitation, Ursule continua en baissant les yeux et d'une voix altérée :

— Vous vous souvenez bien, n'est-ce pas, de cet entretien si vif que nous eûmes ensemble?

— Oui... oui... Eh bien!... — m'écriai-je avec angoisse, car mon cœur se serrait par je ne sais quel odieux pressentiment en songeant que mon mari avait dit à cette femme un secret que lui et moi seuls nous savions.

— Je ne veux pas récriminer — reprit-elle avec une émotion croissante — mais enfin, si dans cet entretien je vous avais crument avoué l'envie que vous m'aviez toujours inspirée, Mathilde, vous avez été pour moi sans pitié, vous m'avez reproché la honte d'une liaison que je n'avouerai jamais... vous m'avez reproché mes perfidies, et puis enfin, alors je vous croyais la plus heureuse des femmes... alors je vous le jure... j'ignorais encore ce que vous avez souffert : car, rappelez-vous le bien, Mathilde, c'est le soir... seulement le soir de ce jour-là que, par mademoiselle de Maran, j'ai appris une partie de vos chagrins...

— Mais, au nom du ciel, parlez... parlez... Hé bien ! après notre entretien, que s'est-il passé ? Mais... oui... je me souviens, vous êtes allés vous promener dans la forêt...

— Mathilde... grâce... grâce... j'allais y retrouver votre mari ; il m'attendait dans une maison de garde inhabitée, où il m'avait donné rendez-vous.

Cet aveu était si inattendu, si horrible, que d'abord je ne pus y croire.

Il s'agissait de ma dernière espérance.

Il s'agissait de croire que depuis huit jours la conduite de Gontran envers moi était un tissu de mensonges et de faussetés.

Il s'agissait de croire que la tendresse qu'il me témoignait n'était qu'une apparence pour cacher son intelligence avec Ursule.

Je ne pouvais, je ne voulais pas me rendre

à cette odieuse vérité... hors de moi, je m'écriai :

— Vous calomniez Gontran; il a passé ce jour-là à la chasse, un de ses gens est venu me le dire de sa part.

— Eh ! cet homme a dit ce que son maître lui avait ordonné de dire :

— Cela n'était pas vrai ! cet homme mentait !

— Oui... oui... grâce... Mathilde.,. Égarée par l'aversion que je vous portais, voulant me venger de vous en vous enlevant votre mari... j'ai été coupable.

— Je vous dis que je ne vous crois pas... je vous dis que vous vous calomniez pour me porter un coup affreux.

— J'ai le courage de vous apprendre la vérité, Mathilde, si honteuse qu'elle soit pour moi, si pénible qu'elle soit pour vous.

— Mon Dieu... mon Dieu, vous l'entendez! — m'écriai-je en levant les mains au ciel.

— Grâce, Mathilde... car lorsque j'appris plus tard combien vous aviez été malheureuse. lorsque plus tard je sus par Gontran que vous étiez mère; pauvre malheureuse femme... que vous étiez mère! oh! cela, surtout cela m'a désarmée... j'ai eu horreur de ma faute, en songeant que j'avais cédé, non pas même à l'amour, mais à une basse haine, à un exécrable sentiment de vengeance...

—Mon Dieu... mon Dieu!—m'écriai-je dans un accès de désespoir inouï : — rendez-moi folle... folle! ou retirez-moi la vie... Je ne puis plus... je ne veux plus... souffrir davantage.

— Mathilde... Mathilde... pardon... je vous jure que je ne soupçonnais pas alors tous les droits que vous aviez à l'intérêt, à la plus tendre pitié... et puis il faut avoir le courage de tout vous dire... Eh bien! je ne soupçonnais pas alors l'odieuse indifférence de votre mari pour vous; non... je ne croyais pas que l'amour qu'il ressentait pour moi pût le rendre aussi faux, aussi injuste, aussi cruel qu'il devait l'être à votre égard, hélas! car vous ne savez pas ses projets...

— Mais, c'est épouvantable — m'écriai-je — elle a été au devant du déshonneur, et elle vient accuser mon mari! Mais qu'est-ce donc que cette femme?.. Qu'est-il donc lui-même?... Que suis-je moi-même?... Quelle est cette vie? Est-ce un rêve? Est-ce une horrible réalité? Et vous... vous qui êtes là devant moi, qui me regardez, qui que vous soyez... répondez... où suis-je? Quelle est la vérité? Quel est le mensonge? Comment! depuis huit jours la tendresse que me prodiguait Gontran, c'était un piège, une fausseté insultante! Mais à quoi bon cette feinte?... Puisque vous partiez... puisque vous allez partir! Oh! c'est un chaos dans lequel ma tête s'égare et se perd... je délire, mon Dieu! je délire!!... ayez pitié de moi... éclairez-moi... Ursule, voyez, suis-je assez humiliée?.. Suis-je assez malheureuse? Tenez, me voilà à vos pieds, Ursule... à vos pieds.

— Au nom du ciel! relevez-vous, Mathilde... Maintenant, c'est moi... c'est moi qui vous demande grâce.

— Je vous pardonne, je vous pardonne... mais au moins dites-moi la vérité, toute la vérité, si affreuse qu'elle soit... Je suis mère, je ne m'appartiens plus; à force de douleur, je tuerais mon enfant; je vous dis que je ne veux plus souffrir, je ne le veux plus! si Gontran m'a aussi indignement trompée... Tout espoir de le ramener à moi est à jamais perdu... Eh bien ! j'en prendrai mon parti... je ne le reverrai plus... je resterai seule ici ; et quand j'aurai mon enfant, je pourrai être heureuse encore.. Ainsi, Ursule, n'ayez aucune crainte... dites-moi tout... entendez-vous, absolument tout : votre franchise peut me sauver la vie... Parlez... Ursule... parlez... une certitude... pour l'amour de Dieu... une certitude si affreuse qu'elle soit : mieux vaut la mort que l'agonie...

— Pauvre femme.... pauvre malheureuse femme... — dit Ursule, en cachant dans ses mains sa figure baignée de larmes.

— Oui, malheureuse, bien malheureuse... n'est-ce pas ? Et bien ! vous ne pouvez plus m'envier maintenant... n'est-ce pas ? me poursuivre encore ce serait de la barbarie... Vous le voyez, il est impossible d'être plus malheureuse... c'est ce que vous vouliez. Votre aversion est-elle assez assouvie ?..

— Mathilde... ah ! je suis trop vengée... C'est horrible... horrible... malheureusement je ne puis rien sur le passé... mais je puis pour l'avenir... Écoutez-moi bien... Voici une lettre que Gontran m'a écrite, voici ce que je lui répondais : chaque jour je voulais lui remettre cette lettre, elle n'atténue pas mes torts, mais elle prouve au moins que j'espérais les réparer ; dans cette réponse, je me montrais sous de si odieuses couleurs que, malgré mon regret de vous avoir outragée, jusqu'à présent j'avais hésité à remettre à Gontran ces lettres si honteuses pour moi... les voici...

Et Ursule me donna une enveloppe cachetée que je pris machinalement.

— Maintenant un dernier mot, Mathilde : j'aurais pu vous taire ce cruel aveu, partir pour Paris.. et vous laisser dans un complet aveuglement ; mais, en lisant la lettre de votre mari, vous verrez quels étaient ses projets pour l'avenir, vous verrez qu'il ressent pour moi une passion désordonnée dont les conséquences m'ont fait frémir... Je vous ai jusqu'ici parlé du mal que je vous ai fait ; maintenant, voici comment j'espère le réparer en partie... Avec la lettre qu'il m'a écrite, vous confondrez votre mari, il n'aura qu'à se jeter à vos pieds pour implorer son pardon... Avec celle que je lui réponds, vous lui prouverez qu'il ne lui reste aucun espoir de me revoir jamais... de plus, vous pouvez vous venger du passé et garantir l'avenir... Si je vous donnais l'ombre de jalousie... envoyez à M. Sécherin la lettre que j'ai écrite à Gontran, si vous voulez vous venger du passé, Mathilde... remettez tout à l'heure cet écrit à mon mari, il ne lui laissera aucun doute sur l'étendue de ma faute; je le connais : autant sa bonté, sa confiance sont aveugles, autant il sera impitoyable envers moi s'il est certain d'être trompé ; il me chassera, mon père ne voudra jamais me revoir, je serai sans ressources, et de ce rêve d'opulence que je vais réaliser je tomberai dans la misère... Et vous ne savez pas, Mathilde... ce que pourrait me conseiller la misère ! Et puis, voyez-vous — ajouta Ursule d'un ton presque solennel — il faut qu'il y ait quelque chose de fatal, de providentiel dans ce qui arrive... *Je n'écris jamais...* je suis trop rusée pour rien faire qui puisse me compromettre, la faute que j'ai commise pouvait rester sinon dans le secret, du moins sans preuves, et pourtant j'ai écrit cette lettre qui peut me perdre, et pourtant je viens volontairement vous la confier : rien ne me force, vous le voyez, à me mettre ainsi à votre discrétion... rien, si ce ne sont mes remords du passé, ma bonne résolution pour l'avenir et ma confiance aveugle dans votre justice ; rien ne me force enfin à agir ainsi, rien, si ce n'est l'un de ces contrastes bizarres, inexplicables de ma nature, dont je vous parlais, et dont vous vous railliez, Mathilde.

Je restais anéantie, tenant cette enveloppe entre mes mains.

Cette corruption, ce cynisme auxquels se mêlait peut-être une sorte de générosité, de grandeur, me semblait incompréhensible.

Je me demandais et je me demande encore si l'aveu que venait de me faire Ursule était calculé par la plus infernale perfidie, ou s'il était dicté par un tardif intérêt pour moi...

Affectait-elle de se mettre à ma discrétion pour pouvoir porter mon désespoir à son comble en m'apprenant l'infidélité de mon mari, ou bien, voulait-elle sincèrement me donner pour l'avenir des garanties contre elle et contre Gontran?...

Je regardais ma cousine avec autant d'effroi que de surprise et de défiance.

Tout à coup un bruit de chevaux se fit entendre dans la cour.

Ma chambre à coucher était au rez-de-chaussée, Ursule courut à la fenêtre, écarta l'un des rideaux, regarda dans la cour, puis me dit avec une simplicité touchante dont je fus frappée malgré moi :

— Mathilde... la voiture de mon mari entre dans la cour... vous pouvez tout lui dire et vous venger du mal que je vous ai fait...

Nous gardâmes quelques moments le silence...

Ma porte s'ouvrit.

Ursule pétrifiée recula d'un pas...

Ce n'était pas son mari, c'était sa mère, madame Sécherin, qui entra...

## CHAPITRE X.

LE CHATIMENT.

Madame Sécherin puisait sans doute dans les circonstances qui l'amenaient une force surhumaine.

Je l'avais jusqu'alors vue marcher péniblement courbée par la vieillesse, par les infirmités... Elle s'avança jusqu'au milieu de la chambre d'un pas ferme, délibéré, presque agile.

Les rides semblaient avoir disparu de son front pour y laisser rayonner une sorte de satisfaction menaçante, de triomphe foudroyant qui donnait à sa physionomie un caractère majestueux et terrible.

On eût dit que, chargée d'exercer un arrêt de la vengeance divine, elle s'était un moment élevée jusqu'à la hauteur de cette formidable mission.

A son attitude haute et fière, à son sourire farouche, à son regard acéré, on devinait que la mère outragée dans son idolâtrie pour son fils, que la mère sacrifiée à une épouse coupable venait dans sa joie cruelle exercer d'effrayantes représailles.

A la vue de cette femme pâle, aux long vêtements noirs, j'eus une telle épouvante que j'oubliai tout ce qui venait de se passer entre moi et Ursule.

Comme ma cousine je restai muette, fascinée devant sa belle-mère.

Celle-ci s'écria d'une voix étouffée, en levant les yeux au ciel :

— Mon Dieu! mon Dieu! ne m'abandonnez pas... donnez-moi, s'il vous plaît la force d'accomplir votre volonté jusqu'au bout! Trop de joie est trop de joie... comme trop de douleur est trop de douleur...

Et, comme si elle eût succombé à une violente émotion, un moment madame Sécherin appuya sa main ridée sur le dossier d'un fauteuil, puis elle s'écria en transperçant pour ainsi dire Ursule de son regard :

— Je vous le disais bien ! malheureuse ! que le bon Dieu démasquait les méchants, et qu'il les écrasait tôt ou tard...

Puis se retournant de mon côté, elle ajouta :

— Je vous le disais bien! qu'un jour vous seriez punie par cette femme de la pitié coupable que vous aviez eue pour cette femme... je vous le disais bien, moi ! que mon fils me reviendrait, et qu'il m'aurait alors pour seule consolation !

Et elle croisa ses bras en secouant la tête avec une expression d'orgueil farouche.

Gontran parut, suivi de mademoiselle de Maran et d'un homme que je ne connaissais pas.

— Puis-je savoir, Madame, ce qui nous procure l'honneur de votre visite, et quel est Monsieur qui s'est fait conduire chez moi par l'un de mes gens et est venu me chercher de votre part ? — dit M. de Lancry.

— Monsieur est le premier commis de mon fils ; je ne pouvais voyager seule, mon fils lui a dit de m'accompagner. — Puis s'adressant à cet homme : — Firmin, nous repartirons dans une heure ; allez-vous-en et fermez la porte.

Gontran me regarda d'un air surpris.

Le commis sortit.

Nous restâmes, mon mari, mademoiselle de Maran, madame Sécherin, Ursule et moi.

Gontran et ma tante ignoraient le commencement de cette entrevue et pressentaient néanmoins qu'il s'agissait de quelque grave événement.

Madame Sécherin dit à ma tante :

— Vous êtes de la famille, Madame?

Mademoiselle de Maran toisa la belle-mère d'Ursule sans lui répondre, et me la montra du regard comme pour me demander quelle était cette femme.

— Madame Sécherin — lui dis-je — et j'ajoutai en montrant ma tante à la belle-mère d'Ursule — mademoiselle de Maran.

Madame Sécherin se rappelant les éloges que son fils, complètement abusé sur le caractère de ma tante, lui donnait toujours, s'avança vers elle et lui dit :

— Vous êtes aussi des nôtres, Madame.... vous êtes du parti des bonnes gens contre les méchants. Mon fils me l'a bien souvent répété... vous êtes comme moi, simple, loyale et ennemie de toute hypocrisie... votre présence est utile ici ; il ne saurait y avoir trop de juges, car les coupables ne manquent pas.

— Quoique je ne comprenne pas du tout ce que vous voulez dire, ma chère Madame, avec vos juges et vos coupables — dit ma tante — je ne perdrai certainement pas une si belle occasion de vous déclarer que vous avez le plus joli garçon de la terre, sans compter que tout ce qu'il vous a dit de moi, et de ma simplicité naïve, prouve joliment en faveur de sa pénétration et de sa judiciaire. J'ose espérer, en retour, que ce qu'il nous a dit de vous est tout aussi bien fondé ; il ne nous resterait plus alors qu'à nous singulièrement congratuler sur la réciproque de notre rencontre.

Madame Sécherin regarda attentivement mademoiselle de Maran : soit habitude d'observation, soit sagacité, instinct de son cœur maternel, soit enfin que le sourire moqueur de ma tante eût trahi son ironie, la belle-mère d'Ursule, après un moment de silence, répondit à ma tante en agitant l'index de sa main droite et en secouant la tête :

— Non... non... je le vois... vous n'êtes pas, vous ne serez jamais des nôtres; votre regard est méchant, mon fils s'est trompé sur vous comme il s'est trompé sur d'autres.

Mademoiselle de Maran partit d'un grand éclat de rire et s'écria :

— Ah ça! mais, dites donc, chère Madame, vous me faites furieusement l'effet d'être une manière de sibylle, de pythonisse avec vos prophéties pharamineuses et peu flatteuses... seulement, permettez-moi de vous le faire observer ni plus ni moins que si j'avais l'honneur de parler à M. votre fils, ces prophéties-là sont un peu malhonnêtes, vu qu'à votre compte je ne ferai jamais partie de la catégorie des braves gens.

— Je ne sais pas ce que c'est qu'une sibylle, Madame, mais je sais quand on se raille de moi — dit madame Sécherin avec hauteur.

— Je me ferai un vrai plaisir de vous remémorer, ma chère Madame, que la sibylle de Cumes était une manière de devineresse qui prophétisait l'avenir avec des grimaces du diable et en gigotant toutes sortes de postiqueries étonnantes.

Mon mari, effrayé de la pâleur d'Ursule, qu'il ne quittait pas des yeux, s'écria en s'adressant à madame Sécherin :

— Madame, puis-je savoir encore une fois ce qui me procure l'honneur de vous voir? Madame de Lancry paraît fort troublée, Madame votre belle-fille semble aussi très-émue; vous m'avez fait prier de me rendre à l'instant auprès de vous... Que se passe-t-il? qu'y a-t-il? de grâce expliquez-vous.

— Oh! vous allez le savoir, Monsieur, vous allez le savoir — dit madame Sécherin.

J'étais au supplice; je pressentais que cette femme avait quelque preuve accablante de la mauvaise conduite d'Ursule, mais elle ne se hâtait pas de la produire. Elle semblait savourer la vengeance et jouir de l'horrible angoisse où elle tenait ma cousine.

Celle-ci, malgré son sang-froid et son audace habituels, semblait atterrée.

Elle sentait que toutes ses séductions seraient impuissantes pour convaincre sa belle-mère.

Je l'avoue, malgré les motifs d'aversion que je devais avoir contre Ursule, je ne pus réprimer une velléité de compassion pour elle, en songeant qu'elle allait être perdue au moment où le remords de sa faute venait peut-être de lui inspirer un sentiment généreux.

Madame Sécherin tira lentement de sa poche une enveloppe toute pareille à celle que ma cousine venait de me confier.

Cette remarque me fut d'autant plus facile, que l'une et l'autre de ces enveloppes avaient dû faire partie de la provision de papier à lettre qu'on avait mise dans l'appartement d'Ursule et que ce papier était d'une couleur bleuâtre.

On va voir pourquoi j'insiste sur cette particularité.

— Connaissez-vous cette lettre ? — dit madame Sécherin d'une voix éclatante en montrant l'enveloppe à Ursule. — Puis elle ajouta avec une dignité austère en levant au ciel l'index de sa main droite : — Voyez, si le doigt de Dieu n'est pas là!... La preuve de votre premier crime était une lettre que vous m'avez audacieusement dérobée... La preuve de votre second crime est encore une lettre, mais cette fois vous l'avez vous-même envoyée à mon fils... le Seigneur vous ayant frappée d'une distraction vengeresse.

Ursule ne répondit pas un mot, devint pâle comme une morte, s'élança vers moi, saisit l'enveloppe qu'elle m'avait remise et que je tenais encore à la main, la décacheta, l'ouvrit, y jeta un coup-d'œil rapide, puis la laissa tomber par terre en baissant sa tête sur sa poitrine avec un morne accablement.

Victime d'une fatale erreur, la malheureuse femme s'était trompée d'adresse...

Elle avait ainsi envoyé à son mari la lettre de Gontran et la réponse qu'elle lui faisait... elle m'avait remis, à moi, la lettre qu'elle écrivait à M. Sécherin.

— Quand je vous dis que le doigt de Dieu est là — reprit madame Sécherin. — Quand je vous dis que le Seigneur a voulu que vous, si fourbe, si adroite, vous soyez démasquée, perdue par une maladresse : vous avez mis sur une enveloppe un nom au lieu d'un autre.... Voilà tout pourtant !! Et cette simple erreur a fait que mon pauvre fils a enfin reconnu ce que vous étiez... il a vu qu'à Rouvray j'étais bien inspirée du Seigneur lorsque je disais : — « Je « jure que cette femme est coupable... Chas-« sez-là... quoique les preuves de son infamie « vous manquent! » Alors, n'est-ce pas? je passais pour une folle en exigeant de mon fils, sans raison suffisante, ce qu'il appelait un sacrifice insensé ; mais Dieu a pris soin de me justifier et de prouver que les instincts maternels sont infaillibles.

Il y avait, en effet, une si étrange fatalité dans cette révélation, qu'un moment nous restâmes tous frappés de stupeur.

Mademoiselle de Maran rompit la première le silence, et dit d'une voix aigre à la belle-mère d'Ursule :

— Pour l'amour du bon Dieu dont vous connaissez si bien tous les petits secrets, ma chère Madame, expliquez-nous donc ce bel embrouillamini d'enveloppes; faites-nous grâce de vos moralités, et dites-nous qu'est-ce que tout ça prouve.

— La vieillesse impie, méchante et sans mœurs donne toujours de mauvais exemples— reprit madame Sécherin en regardant fixement mademoiselle de Maran, et elle ajouta durement : — Maintenant, que je sais que vous avez élevé ces deux jeunes femmes, je ne m'étonne plus de la perversité de cette malheureuse (elle montra Ursule), mais je m'étonne des vertus de sa cousine (et elle me montra).

— Qu'est-ce que c'est? qu'est-ce que c'est? s'écria mademoiselle de Maran — ah çà, ma bonne dame, parce que vous êtes la femme de ménage de la Providence probablement, ce n'est pas une raison pour être si impitoyable au pauvre monde. Qu'est-ce que vous diriez donc, s'il vous plaît, si je vous reprochais, moi, d'avoir éduqué monsieur votre fils d'une si plaisante façon qu'il mérite ce qu'il lui arrive? Dites-donc : mais, c'est vrai, est-ce que je vous en rends responsable, moi, de son inconvénient hyménéen?

— Madame, de grâce, finissons ce débat — dit Gontran à madame Sécherin. — Il est incroyable que je ne puisse savoir ce que vous désirez.

— Je veux, Monsieur, faire lire à votre femme cette lettre que vous avez écrite à la femme de mon fils...

Et elle me remit une lettre.

— Je veux, Monsieur, vous faire lire la lettre que cette femme vous répondait, car... Dieu est juste !.. il faut que cette créature soit aussi détestée par celui qui a partagé son crime que par l'homme qu'elle a indignement outragé !

Et elle remit une lettre à Goutran.

— Je veux, Monsieur, lire à cette adultère la lettre que lui écrit mon fils.

Puis madame Sécherin, toujours impassible, croisa ses bras et nous regarda en silence.

Mon mari était atterré ; il comprenait enfin l'horreur de la position d'Ursule, et surtout combien je devais être accablée de cette découverte inattendue.

Ursule, anéantie, semblait ne rien voir, ne rien entendre.

Cette scène avait pris un caractère si grave, que mademoiselle de Maran oublia un moment sa méchante ironie, et sembla sérieusement attentive.

J'étais, moi, dans une sorte d'excitation fébrile qui me donnait pour quelques moments encore une force factice, mais je sentais que je ne pourrais résister longtemps et que je perdrais peut-être tout sentiment avant que le fatal mystère fût éclairci...

Pendant qu'Ursule était abîmée dans ses réflexions, pendant que Gontran lisait la lettre qu'Ursule lui avait répondue et que la malheureuse femme croyait m'avoir remise, je lisais, moi, cette lettre de mon mari qui avait motivé celle de ma cousine.

## CHAPITRE XI.

M. DE LANCRY A URSULE.

« Non, non, Ursule!... je ne puis obéir à vos ordres... Votre conduite est tellement inexplicable... ce que je ressens est si étrange, après le bonheur inespéré dont vous m'avez comblé, qu'il faut que je vous écrive, puisque je ne puis vous parler, puisque par prudence, sans doute, vous semblez fuir toutes les rares occasions où je pourrais vous voir seule avant votre départ. Je ne sais si je veille, si je rêve... Peut être m'aiderez-vous à m'expliquer ce mystère.

« La possession d'une femme ardemment aimée rend toujours heureux et fier!.... et pourtant, le lendemain de ce jour..... qui aurait dû être le plus beau de mes jours!... je suis tombé dans une tristesse morne, que votre conduite incompréhensible augmente encore..... Ce qui se passe en moi est étrange, je vous le répète, Ursule; j'en suis épouvanté!... à l'agitation sourde, profonde, qui tourmente mon âme, je pressens que le plus grand événement de ma vie va... va s'accomplir!...

« Ma passion pour vous est immuable.... fatale!... parce qu'elle est sans borne et sans issue... elle est immuable, fatale, parce que je vous aime mille fois plus que vous ne m'aimez!.. Vous êtes la première femme qui m'ayez dominé!.. près de vous, je l'avoue, je me sens d'une infériorité absolue... Vous vouliez, disiez-vous, un tyran ou un esclave... Eh bien! vous avez un esclave... un esclave aveugle, résigné, soumis.

« J'ai honte de vous dire cela... et pourtant je vous le dis, parce que j'espère que cette humble abnégation désarmera cette ironie impitoyable qui m'a poursuivi, je crois, même au sein de ce bonheur enivrant qui, jusqu'à présent, n'a pas eu de lendemain!.. Oui, il m'a semblé qu'alors j'étais à vous, et que vous n'étiez pas à moi.... Dans vos regards il n'y avait ni amour, ni volupté, ni remords... il y avait je ne sais quelle expression de triomphe haineux, de domination insolente, de cruel sarcasme !... Tenez, Ursule, si je croyais au démon, si je croyais à ces *marchés d'âmes* qu'il fait, dit-on, je lui donnerais votre regard dédaigneux et superbe, lorsqu'il voit un malheureux tomber à tout jamais en sa puissance, par la force de son charme infernal.

« Cette comparaison vous semble folle, absurde ; vous vous en moquez peut-être... railleuse impitoyable, vous croyez que je plaisante... pourtant cette comparaison est sérieuse, elle est vraie. Elle explique, autant qu'on peut l'expliquer, une sensation réelle et pourtant indéfinissable... Oui, de ce jour, Ursule, mon âme ne m'a plus appartenu... elle ne m'appartient plus !.. Ange ou démon, elle est à vous !.. Qu'en ferez-vous ?..

« Cela est insensé, stupide, mais il me semble que mon cœur ne bat plus dans ma poitrine, mais qu'il bat dans votre cœur, à vous... Tenez, je vois avec effroi que jusqu'ici je n'avais jamais aimé... Ne prenez pas ceci pour une banalité, Ursule; si je voulais vous dire des fadeurs, je ne prendrais pas cet amer et triste langage : il ne peut en rien m'être favorable auprès de vous ; il est ennuyeux, bizarre, et il ne vous apprend que ce que vous savez, car vous avez la conviction de votre toute-puissance sur moi.

« Non... non... je vous dis que jusqu'ici je n'ai jamais aimé ; j'ai toujours cru et je crois encore que l'homme qui éprouve la seule véritable passion de sa vie, doit presque ressentir des impressions analogues à celle des femmes en ce qu'elles ont de plus délicat, de plus craintif, de plus soumis, de plus défiant.... Eh bien! voilà ce que j'éprouve auprès de vous, Ursule... voilà ce que je n'avais jamais éprouvé... un écolier n'avouerait pas cela ! C'est vous donner sur moi un avantage immense... mais pourquoi lutterai-je? à quoi cela m'a-t-il servi de lutter contre mon amour depuis que vous m'êtes apparue sous une physionomie si nouvelle, lors de ce long entretien que ma femme entendait ! Pourquoi de ce jour, où vous m'avez pourtant si impitoyablement raillé... pourquoi mon goût pour vous a-t-il pris soudainement tous les caractères de la passion la plus effrénée?

« Pourquoi n'ai-je pas été séduit par vos qualités, mais par l'audace et la témérité de vos principes? par l'étincelante ironie de votre esprit? par cette brûlante éloquence avec laquelle vous peignez si voluptueusement le bouleversement des sens à l'approche de l'homme aimé?...

« Tenez, Ursule, cette pensée est horrible, il faut que je vous dise tout; savez-vous pourquoi la possession me laisse si malheureux, si inquiet, si chagrin? pourquoi elle ne me donne pas sur vous cet ascendant, cet empire qu'elle donne toujours? pourquoi, enfin, je vous le répète, je suis à vous sans que vous soyez à moi? C'est... je frémis de le croire... de l'écrire... c'est... c'est qu'il me semble que, vous... vous n'avez cédé ni à l'enivrement de l'amour, ni même à l'entraînement des sens... On dirait que vous avez cédé, non pas à moi, mais à quelque mystérieuse influence qui m'est étrangère.

« Oh! vous ne saurez jamais ce que vous m'avez laissé de regrets affreux, de désirs brûlants, de radieuses et folles espérances, vous ne savez pas ce que c'est que de se dire : Cette femme qui inspire tout ce que le désir a de plus exalté, je l'ai possédée sans la posséder... j'ai tous les droits sur elle, et je n'en ai aucun ; un jour... elle s'est livrée à moi avec tant d'insouciance et de dédain, que je ne ressens qu'humiliation et amertume... Qu'étais-je donc? que suis-je donc à vos yeux? ai-je été votre jouet? Si vous ne m'aimez pas... pourquoi ces faveurs? avez-vous donc voulu me prouver que j'étais si peu à vos yeux que vous pouviez impunément me tout accorder un jour, et l'oublier le lendemain sans vous croire même obligée de rougir?... Non, non, voyez-vous, il n'y a pas d'impératrice romaine qui, dans ses mépris écrasants, ait plus audacieusement prouvé qu'un esclave n'était pas un homme!

« Depuis ce jour, en vain je tâche de lire sur votre physionomie impénétrable quelque tendre ressouvenir... est-ce dissimulation, calcul, insensibilité, prudence? Vos traits ne disent rien... rien que raillerie hautaine ou indifférence... Pourquoi me traiter ainsi? Ne

suis-je pas votre amant? Ne le suis-je plus?
Avez-vous donc voulu, par une coquetterie
infernale, inouïe, ne me laisser rien igno-
rer... pour me faire tout regretter avec plus
de rage encore!

« Par le ciel, cela ne peut pas être ainsi! je
n'ai pas foi en moi, mais en mon amour désespéré... Ces émotions enivrantes dont vous parlez avec de si ardentes paroles, vous les ressen-
tirez pour moi, entendez-vous, Ursule?... Je
vous inspirerai toute la fougue de la passion...
Oh! que vous serez belle... ainsi... Tenez, à
cette seule espérance, mon sang bouillonne,
ma tête se perd... Ursule, Ursule! pour être
aimé de vous, rien ne me coûtera, dévoûment, sacrifice, honte... tenez, si je l'osais, je
dirais crime...

« Et quand je pense que si votre charme
voluptueux et irritant exalte l'amour jusqu'à
cette frénésie, votre esprit étincelant, hardi,
ravit, domine et captive à jamais...

« Si vous aimiez... oh! si vous aimiez, y au-
rait-il au monde une maîtresse plus enchanteresse? Tenez, c'est à devenir fou que de songer
que, grâce à l'amour, vous si intraitable, si

moqueuse, si indépendante, vous deviendriez soumise, tendre et dévouée... mais soumise, tendre et dévouée avec ce charme adorable qui n'appartient qu'à vous, et non pas à la manière des autres femmes qui vous font prendre la tendresse, le dévoûment et la soumission sinon en haine, du moins en dédain ou en indifférence, parce qu'il est dans leur nature faible et chétive d'avoir ces qualités négatives...

« Après tout : que me fait, à moi, que la brebis soit douce et craintive? quel mérite a-t-elle? Mais que la panthère vienne, timide et caressante, ramper à mes pieds; alors, oh! alors je ressens un bonheur, un orgueil, un triomphe sans égal...

« Ursule... Ursule... je vous le répète, je le sens là... aux battements précipités de mon cœur, vous m'aimerez comme je veux être aimé de vous... oh! je saurai bien vous y forcer... Oui... l'amour désespéré s'impose à force de dévoûment, il s'imposera même à vous; ne prenez pas cela pour une présomption aveugle et ridicule... je puise cette assurance dans la profondeur même de ma passion.

« Quelquefois pourtant j'espère, je me figure

que votre insouciance affectée est un jeu destiné à compléter l'illusion de ma femme et à lui faire croire plus aveuglément encore au retour que je feins d'éprouver pour elle... Mais, non, vous m'auriez dit quelques paroles, nous nous serions entendus par quelque signe d'intelligence, tandis que depuis ce jour, à la fois si cruel et si doux, vous avez pris à tâche d'éviter les rares occasions que j'aurais eues de vous entretenir seule.... qui sait même si je parviendrai à vous remettre cette lettre !

« Femme bizarre, incompréhensible ! si, par quelque allusion détournée, je vous parle de notre amour, vous me répondez par un sarcasme ! Chose plus étrange encore : ma femme vous redoute, vous hait, vous le savez, et depuis le jour où vous l'avez outragée vous semblez la regarder avec un touchant intérêt? Est-ce le remords? non ; vous n'aurez jamais de remords, vous ; et puis, hélas ! le remords, de quoi? une faute pareille... est-ce une faute... et d'ailleurs, ne dirait-on pas que votre seul but maintenant est de me faire regretter et adorer Mathilde.

« Voyant votre inexplicable indifférence...

autant pour détourner les soupçons de ma femme que pour essayer d'éveiller en vous quelque jalousie, j'ai feint d'entourer Mathilde des plus tendres soins... Au lieu de vous en alarmer, de vous en piquer... vous en avez paru satisfaite et nullement envieuse... Ursule... c'est à en perdre la raison. Qui êtes-vous donc? que me voulez-vous? Êtes-vous mon bon ou mon mauvais génie? Quelquefois vous m'épouvantez, il me semble que vous devez avoir sur ma vie la plus fatale influence... Non, non, pardon, je délire... Ursule ! ne vous offensez pas de cette lettre, vous êtes de ces femmes supérieures auxquelles on peut tout dire...

« Cette incohérence de pensées vous prouve toute l'exaltation de ma pauvre tête ; mes idées se heurtent, se combattent ; mille fantômes s'offrent à mon imagination, parce que mon esprit et mon cœur sont incertains, parce que je ne sais pas ce que vous êtes pour moi. Cet état de doute est horrible ; s'il continue, si vous ne me rassurez pas, c'est à peine s'il me restera la force et la volonté de feindre une tendresse que je dois feindre pour détourner les soupçons de Mathilde et empêcher un éclat qui pourrait vous perdre : heureusement les distractions où me plongent tant de pensées diverses passent aux yeux de ma femme pour des rêveries amoureuses dont elle est l'objet; quelques jours encore, et tout sera éclairci.

« Vous ne me connaissez pas, Ursule, vous ne savez pas l'invincible opiniâtreté de mon caractère, je l'ignorais moi-même avant que d'avoir ressenti la force de volonté que vous m'avez inspirée ; je ne renoncerai à l'espoir d'être aimé de vous qu'après avoir tenté tout ce qu'il est humainement possible de tenter... et encore non, je ne puis même admettre la pensée que je renoncerai à cet espoir... non, une voix secrète me dit que je réussirai.

« Voici mes projets, n'essayez pas de les combattre, vous n'y changeriez rien. Vous partez dans quelques jours pour Paris ; prétextant des calomnies que nous a rapportées mademoiselle de Maran, j'ai persuadé ma femme de rester à Maran tout l'hiver ; quinze jours après votre départ je vous rejoints à Paris, des affaires d'intérêt motiveront suffisamment mon départ aux yeux de Mathilde.

Une fois à Paris, les raisons ne me manqueront pas pour y prolonger mon séjour; l'*état dans lequel se trouve ma femme* l'empêchera de venir me rejoindre : d'ailleurs elle le voudrait que son désir serait vain, jamais je ne me suis senti plus intraitable, sans pitié; je serais cruel pour tout ce qui n'est pas mon amour pour vous. Il faut ma crainte de voir Mathilde se laisser égarer par sa jalousie et vous perdre auprès de votre mari, pour me forcer de simuler ce que je n'éprouve plus pour elle.

« Tenez, Ursule, encore une remarque qui vient à l'appui de ce que je vous disais, c'est que l'amour sincère et profond inspire des délicatesses inouïes... Jusqu'ici j'avais toujours menti en galanterie sans l'ombre de peine ou de regret; eh bien! je vous le jure, maintenant il m'est odieux de dire à ma femme des tendresses que je ne ressens plus : il me semble que ce sont autant de blasphèmes contre la sincérité de ma passion pour vous.

« Il faut tout l'aveuglement de Mathilde pour ne pas découvrir combien le rôle que je joue auprès d'elle me coûte et me révolte... Mais il aura bientôt sa fin; je vais vous rejoindre à

Paris, notre parenté me permettra de vous voir chaque jour sans éveiller les soupçons de votre mari. Alors, Ursule, une fois qu'aucune contrainte ne me gênera plus, je pourrai me faire aimer, et il faudra bien que vous m'aimiez... Exigez de moi tous les sacrifices possibles et impossibles, je m'y soumettrai avec bonheur, rien ne me coûtera, je ne regretterai rien, parce que maintenant tout ce qui n'est pas vous n'existe plus pour moi... Cela est affreux à dire, mais cela est... ma raison, ma volonté n'y peuvent rien... Toi... toi... Ursule, rien que toi... toujours toi... Oh! dis... le veux-tu? brisons les faibles liens qui nous retiennent tous deux, allons cacher notre amour dans quelque pays lointain; Ursule, ne soyez pas retenue par la pitié! que ma passion soit heureuse ou malheureuse, le sort de ma femme ne peut changer; elle réunirait plus de qualités et plus de perfections encore que, je le sens, tout sentiment pour elle est à jamais éteint dans mon cœur.

« Vous êtes maintenant l'idéal, le rêve de mon cœur, de mon esprit, de mes sens, de ma vie... Jugez si Mathilde peut balancer votre influence si vous m'aimez, ou me consoler si vous ne m'aimez pas...

« Encore une fois, Ursule... vous... vous sans condition, je n'admets pas de doute à ce sujet, je ne veux pas en admettre, parce que je ne veux pas entrevoir l'abîme sans fond qui s'ouvrirait devant moi si... mais non, non, vous m'aimez, il faudra que vous m'aimiez; le hasard ne vous a pas donné en vain mon âme, je n'existe plus que par vous, que pour vous, *vous avez été à moi!* quoi que vous disiez, quoi que vous fassiez, il faut que nous soyons désormais et pour toujours l'un à l'autre. Je ne reculerai devant aucun moyen, vous entendez, *devant aucun moyen* pour y parvenir... Cela sera parce que la fatalité le veut ainsi. Adieu! ange ou démon, je partagerai votre ciel ou votre enfer... « G. »

. . . . . . . . . . . . . . . . . . . . .

Je dirai plus tard la réaction brusque, profonde, que la lecture de cette lettre me causa.

Pendant que je la lisais, Gontran, lui, lisait cette réponse qu'Ursule lui avait faite, et qu'elle avait cru me donner à la fin de mon entretien avec elle.

## CHAPITRE XII.

URSULE A GONTRAN.

« Je suis très généreuse au moins... je vous renvoie votre lettre ; elle m'a beaucoup divertie : il y règne un mélange de défiance et de fatuité, d'aveuglement et de clairvoyance, de dévoûment et d'égoïsme, de tendresse et de cruauté, très amusant à observer ; tout cela manque de grandeur, de charme et même d'esprit (quoique vous en ayez certainement) ; mais, comme tout cela est naturel, je dirai même : d'une horrible naïveté, vous m'avez persuadée.

« Je crois donc à votre passion, oui... je crois que vous aimez pour la première fois ; je crois que vous ferez tout au monde pour vous faire aimer de moi. Je vous crois capable des tentatives les plus insensées, des actions les plus noires, pour arriver à ce beau résultat; je vous crois enfin susceptible de véritable dévoûment pour moi : c'est à ne pas vous reconnaître, mon pauvre cousin.

« Sans avoir la prétention de mériter les qualifications diaboliques dont vous me gratifiez dans votre orgueilleux étonnement, comme s'il fallait, en vérité, avoir recours aux sciences occultes pour être digne ou capable de vous séduire, je crois avoir sur vous beaucoup d'influence : cette influence sera fatale si vous le voulez, cela dépendra de vous.

« Je crois encore, comme vous, que ce sont mes vilains défauts qui vous ont irrésistiblement tourné la tête.

« D'abord vous ne m'avez pas du tout inspiré l'envie d'avoir des vertus si je n'en possède pas... ou le désir d'en faire montre si j'en possède : ces perles virginales sont enfouies au fond de l'âme comme les perles au fond de la mer; ces trésors n'appartiennent jamais à ceux qui s'arrêtent à la surface des flots... dont ils sont les jouets... Il est des profondeurs solitaires et mystérieuses que les vues courtes ou débiles ne pénétreront jamais.

« Nous sommes donc parfaitement d'accord sur beaucoup de points, mon cher cousin, seulement nous différerons toujours sur le plus important de tous : vous croyez fermement qu'à force d'amour *vous m'obligerez à vous aimer*, je vous déclare non moins fermement que jamais je ne vous aimerai et qu'*à force d'amour* vous finirez par vous faire détester, l'amour qu'on inspire étant généralement en raison inverse de l'amour qu'on ressent; vous devriez savoir au moins votre A B C, seigneur don Juan.

« Si la passion ne vous rendait pas aussi inintelligent qu'un écolier, vous verriez une profonde vérité dans ce passage de votre lettre qui n'a été qu'une boutade de votre vanité froissée :

« *Jamais impératrice romaine n'a plus audacieusement prouvé qu'un esclave n'était pas un homme.*

« J'ai souligné ces mots, ils le méritent ; vous avez deviné juste cette fois : en d'autres termes, cela signifie que *la vengeance n'est pas de l'amour*. Hé bien, comprenez-vous l'énigme?

Devinez-vous maintenant les motifs de ma conduite bizarre? Non? Pas encore? Allons vous n'êtes décidément pas en veine de sagacité. Je reprends donc les faits d'un peu haut ; tout mon espoir est que cette confession vous donnera de moi une horrible aversion. Il est malheureusement trop tard maintenant pour que je puisse vous paraître *respectable* ; avec ce *paraître* j'aurais sûrement éteint votre folle passion.

« Or donc, en venant à Maran, en pensant même à profiter de l'offre que m'avait faite autrefois Mathilde d'occuper à Paris un appartement de votre maison, mon projet bien arrêté était de vous rendre amoureux fou de moi; entendez-vous, amoureux fou... et de me servir de votre fol amour... je vous dirai tout-à-l'heure dans quel but.

« Je réunissais toutes les conditions nécessaires pour vous séduire : d'abord je ne vous aimais pas, je me sentais sur vous beaucoup de supériorité ; et de plus je m'étais imaginé que le moyen le plus sûr d'enamourer un homme blasé par de nombreux succès était de se moquer de lui, d'irriter ainsi vivement son orgueil, et, pour l'achever, de le convaincre que tout en restant parfaitement indifférente à son mérite, on devait ne pas l'être à celui d'un autre.

« Tout ce beau système développé avec assez de malice a obtenu près de vous le succès que j'attendais.

« A Rouvray, vous m'avez fait, le matin même de votre arrivée chez moi, une déclaration assez brusque et assez impertinente ; j'y ai répondu comme il fallait pour mes desseins.

« Ici, vous avez renouvelé vos tendres protestations, je vous ai répondu et prouvé que je ne me souciais pas de vous le moins du monde ; par esprit de contradiction, vous vous êtes passionné : c'était tout simple. Pendant quelques jours j'ai augmenté votre amour, non pas en le partageant, mais en le raillant, mais en me montrant à vous sous des aspects bizarres, mais en affectant un cynisme de principes, une hardiesse de pensées qui auraient révolté tout homme d'une âme élevée.

« Je ne pouvais croire moi-même aux progrès que je faisais dans votre cœur par de si misérables moyens. Si j'avais eu de vous une haute opinion, la facilité de mon succès l'eût détruite.

Rappelez-vous encore ceci, seigneur don Juan, ordinairement les femmes de mon caractère aiment d'autant plus qu'elles ont eu plus de peine à se faire aimer. Elles dédaignent les succès faciles, la lutte leur agrée, les obstacles les charment, elles se passionnent pour l'impossible...

« En un mot, profitez de l'avis... si jamais vous retrouvez une de mes *pareilles*, le seul moyen de la séduire sera de lui montrer de l'éloignement.

« Pour que vous me plaisiez, mon cher cousin, sous bien des rapports nous nous ressemblons beaucoup trop (j'espère que je suis humble); notre nature est de subir la loi de *l'attraction des contraires*. Quand vous restez dans cette *voie normale*, comme nous disait le savant M. Bisson, vous réussissez... Voyez... peut-être Mathilde vous adore-t-elle, parce qu'elle est aussi pure que vous êtes perverti... Quand, au contraire, vous vous adressez à moi qui suis peut-être théoriquement aussi avancée que vous, vous faussez votre destinée, vous perdez vos avantages et je me moque de vous.

« Les augures ne pouvaient se regarder sans rire, c'est pour cela que votre sérieux amour me cause une incroyable hilarité. Prenez garde, un fripon qui devient dupe est mille fois plus sottement dupe qu'un honnête homme.

« Ceci dit, mon cher cousin, revenons au sujet de votre étonnement.

« Un jour, brusquement, sans motif (à vos yeux du moins) *vous avez été à moi sans que j'aie été à vous,* selon votre expression... De ce moment vous m'avez toujours trouvée froide, dédaigneuse, et aussi insouciante du passé que s'il n'existait pas... Vous vous étonnez de cette soudaine indifférence, vous criez au démon, à la fatalité, que sais-je? Vous me demandez si je vous aimais, si j'avais au moins pour vous un vif caprice? Nullement; vous êtes charmant, mais j'ai le malheur d'avoir très mauvais goût. Comment donc, direz-vous, vous ne ressentiez pour moi ni passion, ni amour, ni

même le plus léger penchant, et... vous...
Non, non, c'est impossible, répétez-vous.

« Vous oubliez, mon cher cousin, qu'il est des passions de toutes sortes, et que l'amour n'est pas la plus violente de toutes... Vous ignorez donc que pour satisfaire sa haine et sa vengeance une femme comme moi ose ce qu'elle n'oserait jamais si elle éprouvait un amour passionné, ou si elle ne ressentait même qu'un tendre penchant. Dans ce dernier cas elle obéirait à un instinct de coquetterie qui lui dirait qu'un triomphe trop facile éteint un goût passager.

« Si elle aimait au contraire passionnément, oh! elle ne raisonnerait pas... L'amour, le véritable et profond amour lui inspirerait les plus exquises délicatesses... Si elle succombait, elle succomberait avec une sorte d'enivrement chaste et pudique. Dans son aveugle entraînement elle n'aurait la conscience de sa faute qu'après l'avoir commise; elle en aurait les remords, la honte, la volupté ardente et amère. Enfin ses ressentiments seraient ceux de la plus noble des femmes, car un amour sincère élève souvent les cœurs les plus perdus à la hauteur des cœurs les plus purs...

« Quel est donc ce mystère? Qu'êtes-vous donc pour moi, demandez-vous encore?

« Écoutez... depuis que j'ai pu analyser mes impressions et me rendre compte du bien et du mal, j'ai haï votre femme.

« Je l'ai haïe, parce que depuis que je vis il n'y avait pas eu de jour, d'heure où je ne lui eusse été sacrifiée, où elle ne m'eût écrasée de ses avantages.

« Jamais l'envie, la jalousie ne furent exaltées à ce point... Pour la frapper plus sûrement je voulus la frapper dans ce qu'elle avait de plus précieux au monde... Je résolus de vous enlever à elle, non parce que vous me plaisiez, il n'en était rien, mais parce qu'elle vous adorait.

« Quelques jours après cet entretien que Mathilde entendait à mon insu, j'ai eu avec elle une longue conversation; elle m'a accablée de reproches. Elle m'a menacée par ses mépris, et maintenant je dois dire par ses *justes* mépris. Elle a exaspéré mes plus mauvais sentiments; vous m'aviez donné un rendez-vous, j'ai hâté le moment d'assurer à la fois et ma vengeance et mon empire sur vous; car alors... mais, non, non, vous ne saurez jamais quels odieux desseins je méditais... vous m'aimeriez trop, et je veux vous détacher de moi.

« Maintenant, souvenez-vous que le soir de ce *jour de bonheur, sans lendemain,* comme vous dites, mademoiselle de Maran a reçu des lettres de Paris, et que devant moi elle vous a appris toutes les abominables calomnies dont Mathilde était victime.

« Malgré les méchantes exagérations de mademoiselle de Maran, j'ai bien vite compris que la réputation de Mathilde était aux yeux du monde horriblement compromise. Le hasard m'apprit ainsi que cette femme, dont le bonheur m'exaspérait depuis mon enfance, était la plus malheureuse des créatures.

« Jusqu'alors elle avait vécu pour vous et pour la vertu ; elle avait toujours été digne de tous les amours et de tous les respects... et sa bonne renommée était presque perdue... et vous la délaissiez pour moi, pour moi...

« C'était trop.

« Maintenant, qui m'a inspiré l'intérêt, la pitié qui a succédé tout à coup à la haine que je portais à Mathilde? est-ce un noble et bon sentiment? Ne serait-ce pas plutôt la conviction que votre femme, étant à tout jamais malheureuse, ne peut plus être pour moi un sujet d'envie... ou bien encore ne serait-ce pas la connaissance parfaite que j'ai de votre caractère, et de ce qu'il présage à Mathilde?.. Oui, c'est plutôt cela qui m'a désarmée.. Ma vengeance étant plus que satisfaite par l'avenir que vous ménagez à votre femme, votre amour me devient parfaitement inutile ; excusez-moi, mon cousin, de *vous avoir séduit pour rien.*

« En ce qui touche cette pauvre Mathilde, je ne puis malheureusement rien sur le passé ; mais je puis pour l'avenir...

« Je suis une femme si singulière que du moment où je me suis sentie apitoyée sur elle, j'aurais regardé comme un crime de lui donner le moindre motif de jalousie à votre égard.

« Voilà le pourquoi de ma froideur subite, voilà pourquoi vous devez absolument renoncer à l'espoir assez coquet de *me changer de panthère en brebis, de partager mon ciel ou mon enfer*. Mon Dieu! mon cher cousin, je ne suis ni une panthère, ni un ange, ni un démon; je ne pratique ni le ciel, ni l'enfer... je suis tout simplement une pauvre femme qui ne vous aime pas, et je fais d'autant plus aisément le vœu de vous rendre à mon amie d'enfance, que ce sacrifice m'est fort agréable, de sorte que mon dévoûment peut passer pour de l'égoïsme.

« Vous me permettrez donc de ne *pas briser les liens* qui m'unissent au meilleur homme du monde, *afin d'aller cacher notre amour dans un pays lointain* : il n'est pas besoin d'aller si loin pour cacher quelque chose qui n'existe pas... J'abdique aussi très volontairement toute *souveraineté* sur votre âme; mille grâces de ce beau royaume que vous mettez si gracieusement à mes pieds. J'aime mieux vivre esclave à l'ombre protectrice d'un frais oasis que de régner sur un désert aride et desséché. N'oubliez pas, surtout, je vous en conjure, de m'épargner ces preuves de dévoûment, ces sacrifices inouïs dont vous me menacez et dont je suis très indigne... Vous me gêneriez infiniment dans la secrète recherche que je veux faire de mon tyran futur, car je me sens destinée à éprouver pour je ne sais quel mystérieux idéal une passion aussi *immuable,* aussi *fatale* que celle que vous éprouvez pour moi.

« Où s'est jusqu'ici caché ce mystérieux et futur despote de tout mon être?... c'est ce que j'ignore... Mais ce qui est certain, c'est que votre sombre aspect l'effaroucherait.

« Ne comptez pas, je vous en conjure, sur votre intimité avec mon mari pour venir me voir à Paris, dans le cas où vous feriez la folie de m'y suivre.

« Pour expliquer à M. Sécherin mon brusque départ, je serai forcée de lui avouer que vous vous occupiez un peu trop de moi, et que, pour la tranquillité de Mathilde et pour m'épargner votre obsession, j'ai jugé à propos de quitter Maran.

« Vous le voyez donc bien, vous seriez très mal venu à vouloir faire le *cousin* auprès de nous.

« Restez avec Mathilde : vous parlez de bon

et de mauvais génie ; si vous avez, je ne dirai pas quelque générosité, mais seulement l'instinct de votre conservation, vous reviendrez à elle. C'est elle qui sera votre bon ange.

« Si, malgré ma profonde indifférence pour vous, vous vous opiniâtrez à vous faire aimer de moi, je serai, sans le vouloir, votre mauvais démon.

« Vous m'aimez passionnément, je le crois, mais on a toujours raison d'une passion sans espoir... aussi, dans l'intérêt de Mathilde et dans l'intérêt de ma *tranquillité* ( prenez, je vous prie, ce mot dans cette acception prosaïque : n'être pas importunée par un fâcheux ), je m'efforce de vous convaincre de la vanité absolue de vos tentatives à venir.

« Toute ma crainte est que vous conserviez quelque espérance. Malgré votre apparente humilité, vous avez un fond d'amour-propre intraitable, d'autant plus dangereux que vous avez de quoi le justifier auprès de tous..., excepté auprès de moi. C'est ce que vous ne croyez peut-être pas... On n'admet jamais les exceptions blessantes...

« Plutôt que de vous avouer que vous ne

me plaisez pas, vous êtes capable de vous persuader que je romps avec vous d'une manière brusque et cynique pour échapper à un sentiment dont je redoute et dont je prévois l'empire... Homme trop dangereux!!! ah! mon cousin... mon cousin... si vous vous laissiez prendre à l'une de ces amorces, que votre orgueil révolté vous tendra certainement, vous seriez à jamais perdu.

« Plus je vous témoignerais de dédain et d'aversion, plus vous vous croiriez redoutable et redouté; selon cet axiome : Que l'on n'éloigne que les gens dangereux... comme si les ennuyeux n'étaient pas de ce nombre.

« Prenez garde... prenez garde... tous vos avantages alors ne vous sauveraient pas d'un ridicule ineffaçable; je serais impitoyable, car je prendrais en main la cause de Mathilde, je la vengerais en vous tourmentant, et pour la venger, je serais capable de feindre la pitié, de feindre d'être enfin touchée d'un si profond et si constant amour, de vous faire quelques fausses promesses et de me jouer de vous de la manière la plus sanglante...

« Une fois pour toutes : défiez-vous de moi,

dès que je vous paraîtrai éprouver à votre égard autre chose que la plus complète indifférence.

« Ainsi donc, mon cousin, oubliez-moi pour qui vaut mille fois mieux que moi. Revenez à Mathilde, c'est un cœur d'or, c'est une âme qui n'est ni de ce temps ni de ce monde.

« Maintenant que, par une bizarre contradiction, elle m'intéresse autant par son malheur qu'elle me révoltait par son bonheur, je puis le dire, c'est une de ces natures tellement excellentes, tellement riches, tellement portées à croire au bien et à nier le mal, parce qu'elles sont pétries de noblesse et de générosité, qu'il suffit de quelques semblants pour les rendre complètement heureuses.

« Incapables de croire au mensonge, ces pauvres âmes ont la confiance ingénue des enfants! Il faut si peu, si peu, pour exciter leur joie naïve et candide, qu'on serait un monstre de les affliger.

« Vous l'avez vu... depuis huit jours, par prudence, vous avez feint un retour à elle, comme sa charmante figure rayonnait de bonheur!.. et puis elle est mère!.. elle est mère!..

Monsieur... et vous avez eu le honteux courage de m'écrire : *L'état dans lequel se trouve ma femme l'empêchera de venir à Paris...*

« Tenez, monsieur de Lancry, je suis capable et coupable de bien des mauvaises actions, je ne sais pas ce que l'avenir me réserve de commettre encore; mais, jamais, je le jure, je n'aurai à me reprocher l'équivalent de ces odieuses paroles.

« Décidément vous êtes le plus ingrat, le plus égoïste, le plus insensible des hommes, car la passion vous déprave... au lieu de vous ennoblir! C'est d'ailleurs naturel, une passion dépravée ne peut élever le cœur...

« Gardez-vous encore de votre vanité qui vous dira peut-être que Lovelace et don Juan ne valaient pas mieux que vous, et que mon reproche signifie *adorable scélérat...*

« Vous vous tromperiez singulièrement : moi qui suis un don Juan femelle, je sais ce que vaut le don-Juanisme; j'ai même honte de voir les passions que j'inspire se traduire par de si mauvais instincts : comme le sorcier du conte allemand, je recule épouvantée du monstre que j'ai produit, et qui vient à grands cris me demander d'être sa compagne.

« Oubliez-moi donc, mon cousin; encore une fois, si vous vous opiniâtrez dans votre fol amour, je vous prédis la plus malheureuse fin du monde, et vous me ferez croire à ces rémunérations et à ces punitions divines dont parlait toujours mon insupportable belle-mère.

« A un coupable tel que vous il fallait une *punition* telle que moi : seulement, comme ce rôle de vengeance divine est un peu sérieux pour mon âge, je vous saurais un gré infini de me l'éviter en vous amendant et en devenant le plus honnête et le plus fidèle des maris; ce qui veut dire le plus heureux et le plus adoré des hommes, puisque Mathilde est votre femme.

« Adieu, adieu, et pour toujours adieu... Souvenez-vous surtout qu'il ne s'est jamais agi d'amour entre nous, mais d'une infâme trahison envers la plus noble des femmes. *Vous avez été mon* COMPLICE, *jamais mon* AMANT. »

## CHAPITRE XIII.

M. SÉCHERIN A URSULE.

Lorsque madame Sécherin vit à notre abattement que moi et Gontran nous avions lu les deux lettres qu'elle nous avait remises, elle lut cette lettre de son fils à Ursule d'une voix lente, et comme pour faire durer le supplice de ma cousine plus longtemps.

« Je ne vous reverrai de ma vie, Ursule... je vous méprise encore plus que je ne vous hais. Dieu m'a puni de n'avoir pas écouté les conseils de ma pauvre mère, elle me reste, elle, elle me reste et avec elle je ne regrette rien ; je remercie au contraire le ciel de m'avoir délivré d'un monstre de perfidie et de corruption tel que vous : je me maudis quand je pense que, pour vous, *pour vous*, mon Dieu! j'ai pu affliger, presqu'abandonner la meilleure des mères... Allez... ma tendresse la dédommagera des chagrins que je lui ai causés ; elle me pardonnera, elle m'a pardonné : lorsque une femme aussi dangereuse et aussi abominable que vous entre dans une famille, il faut bien s'attendre à tout... Je vais vous apprendre une chose qui vous fera de la peine, j'en suis sûr, celle-là : le jour même où, par la volonté divine, le ciel a voulu que je reçusse cette lettre qui montre la noirceur de votre âme... je venais de faire rédiger l'acte qui vous assurait toute ma fortune après moi... Vous qui aimez tant le luxe, vous allez être pauvre... tant mieux, tant mieux, c'est le seul chagrin qui puisse vous atteindre... Les soixante mille francs de votre dot sont dès aujourd'hui déposés à Paris chez un notaire. Votre père vous chassera aussi de sa présence, lui ; car je lui ai envoyé une copie de votre abominable lettre. Enfin, pour vous porter un dernier coup qui vous sera plus sensible encore que les autres, je vous préviens que je ne souffre aucunement de vos infamies, entendez-vous, je n'en souffre pas... non, non, cela est si odieux que je ne ressens que de l'horreur pour vous, et je me trouve heureux... oh! bien heureux d'être à jamais séparé de vous; ma bonne et excellente mère vous le dira... ce sera votre dernier châtiment.

« Sécherin. »

Après avoir lu cette lettre, madame Sécherin attacha sur Ursule un regard implacable.

Celle-ci sortit enfin de l'état de stupeur dans lequel elle était plongée depuis le commencement de cette scène.

Elle se leva impérieuse, altière, le regard assuré, le sourire amer et dédaigneux ; elle dit à madame Sécherin :

— Vous triomphez, n'est-ce pas? femme aveugle et insensée ; vous vous réjouissez, tandis que le cœur de votre fils est mortellement blessé!

— A cette heure il ne pense même plus à vous — dit madame Sécherin — il vous l'écrit et cela est vrai, Dieu merci!

— Mais moi je ne crois pas aux termes de cette lettre — reprit Ursule — un homme comme lui ne peut pas oublier une femme comme moi. Sachez que si je le voulais, entendez-vous à votre tour, que si je le voulais, demain il serait encore à mes pieds, me demandant à mains jointes de revenir à lui... mais je ne le veux pas. La destinée m'accable au moment même où je cédais à un sentiment si généreux qu'il en était fou, au moment où j'avais pitié de la femme que j'avais haïe, outragée, au moment où je tâchais de réparer le mal que j'avais fait... Eh bien! seule je lutterai contre la destinée ; un jour viendra, et il n'est pas loin, où, dans son désespoir de m'avoir perdue, votre fils vous maudira de ne l'avoir pas engagé à me pardonner.

— L'entendez-vous, la malheureuse? — s'écria madame Sécherin en joignant les mains avec horreur.— Vous regretter, vous ! Voyez... voyez... l'infernal orgueil !

Ursule haussa les épaules avec une expression de pitié.

— Vous ne savez donc pas ce que j'étais, ce que j'aurais été pour lui, car il était simple, bon, dévoué, et je m'amusais à le rendre heureux comme on s'amuse de la joie d'un enfant... Vous l'avez entendu vous-même vous dire si son bonheur était grand, si je n'étais pas tout pour lui! vous vous réjouissez sans songer qu'il pleurera... qu'il pleure peut-être avec des larmes de sang, un passé qui sera toujours pour lui un rêve, l'idéal de la félicité humaine... Aveuglé sur mes défauts par son amour, sur ma conduite par sa confiance, sa vie se fût écoulée paisible et heureuse... elle se passera dans la désolation!... Allons, vous devez être satisfaite, me voici pauvre, abandonnée de tous, même de mon père; vous voici vengée, Mathilde, et vous aussi, Monsieur—dit Ursule en s'adressant à Gontran : — vous, Mathilde, dont j'ai trahi l'amitié ; vous, Monsieur, dont j'ai raillé l'amour... à votre triomphe il manque pourtant une chose... c'est de me voir anéantie, écrasée sous les coups d'une fatalité inouïe, mais je ne vous donnerai pas cette joie ; j'ai de la volonté, j'ai de l'énergie : je me trouvais dans un de ces moments qui peuvent décider de l'avenir de toute la vie... un premier bon sentiment en eût peut-être amené un second... Le sort ne l'a pas voulu... Eh bien! j'ai dix-huit ans, j'ai un caractère de fer, un esprit souple, je suis belle et hardie...

que Dieu ait pitié de moi! — dit Ursule en terminant par ce sarcasme impie.

Madame Sécherin restait muette, effrayée devant cette femme audacieuse.

Gontran la regardait avec une angoisse mêlée d'admiration...

Tout-à-coup mademoiselle de Maran se leva, feignit de s'essuyer les yeux et s'écria :

— Eh bien! non, non, il ne sera pas dit que je resterai insensible, moi, aux tourments de cette pauvre chère enfant; je suis tout émue de son angélique résignation : il est impossible d'avouer ses torts avec plus de candeur et d'être mieux disposée à la contrition et au repentir... Tenez... votre dureté à tous me révolte... Je l'emmènerai à Paris avec moi, et chez moi, cette chère petite, et cela aujourd'hui même, car elle ne peut pas rester ici un jour de plus... Elle vous gâterait, honnêtes gens que vous êtes !

— Vous osez la soutenir... — s'écria madame Sécherin avec indignation — vous osez lui offrir un asile...

— Et pourquoi non, s'il vous plaît? Est-ce que je donne, moi, dans vos lamentations de

Jérémie sur la désolation de l'abomination! Dirait-on pas qu'il s'agit du sort de la chrétienté ou que le monde est menacé d'une fin prochaine, parce que monsieur votre fils a eu un inconvénient dans son ménage! Est-ce que c'est une raison pour venir crier comme une orfraie après cette pauvre Ursule, et l'accabler sans pitié?... Pour vous qui vous piquez de religion... ça n'est guère charitable, ma bonne dame...

Madame Sécherin leva les yeux au ciel, et dit d'une voix grave et solennelle :

— Seigneur mon Dieu! ayez pitié de cette femme, sa tombe est ouverte, sa fin est proche et elle blasphème.—Puis elle ajouta d'une voix imposante et avec tant d'autorité que mademoiselle de Maran resta un moment atterrée :
— Vous soutenez le vice, vous insultez aux larmes des honnêtes gens, vous reniez Dieu. Mais, patience, au lit de mort vous aurez une affreuse agonie en pensant au mal que vous avez fait et aux peines qui vous attendent... Vous êtes si méchante et si impie que vous ne trouverez pas un prêtre qui veuille prier pour votre âme...

Après un moment de silence, mademoisselle de Maran s'écria en riant de son rire aigu :

— Ah ! ah ! ah !... est-elle donc drôle avec ses excommunications ? Ah çà ! apparemment que vous êtes aussi du dernier mieux avec les foudres du Vatican, ma chère dame ? Tout-à-l'heure, c'était avec le ciel et la Providence que vous manigançiez... Dites donc ; sans reproche, vous me paraissez joliment banale pour ne pas dire un peu coureuse à l'endroit des choses de là-haut... Mais rassurez-vous, j'aurai toujours un bon petit quart-d'heure pour me repentir et un petit écu pour me faire dire une messe quand viendra le moment de songer à mon salut. . . . . . . . . . . . . . .

. . . . . . . . . . . . . . . . . . . . . . . .

Le soir même, mademoiselle de Maran partit pour Paris avec Ursule.

Madame Sécherin alla rejoindre son fils.

Gontran et moi, nous restâmes seuls à Maran.

## CHAPITRE XIV.

LES DEUX ÉPOUX.

Je restai deux jours sans revoir M. de Lancry.

L'arrivée et le départ de madame Sécherin ayant fait supposer à nos gens que quelque grave discussion intérieure avait eu lieu entre moi et mon mari, ils avaient cru de leur devoir d'augmenter encore de silence et de réserve dans leur service, ils ne parlaient entre eux qu'à voix basse... ont eût dit que quelqu'un se mourait dans la maison... Il est impossible de peindre l'aspect sinistre de ce grand château muet, sombre et désert dont j'habitais une aile, et Gontran une autre.

J'avais voulu être seule pour me préparer à l'entretien que je devais avoir avec mon mari.

Pendant ces deux jours, par un phénomène moral que je suis encore à m'expliquer, une révolution profonde, complète, se fit subitement en moi.

Il était de mon devoir de parler à mon mari avec la plus entière franchise.

Cet événement fut le plus important de ma vie, son retentissement durera jusqu'à mon dernier jour.

Les moindres détails de cette entrevue sont encore gravés dans ma mémoire.

C'était un dimanche ; après avoir entendu une messe basse à l'église du village, et être restée longtemps à prier, je revins chez moi.

Le temps était gris et lugubre ; au moment où je rentrais au château, la neige commençait à tomber.

Dix heures sonnèrent à la pendule de mon parloir.

C'était un petit salon très simple, où je me tenais d'habitude ; ses deux croisées s'ouvraient sur le parc : à droite et à gauche de la cheminée étaient les portraits de mon père et de ma mère ; sur ma table à écrire, un médaillon de Gontran peint en miniature.

A propos de cette miniature, je dois dire ici ce que je sus plus tard : c'est qu'elle avait été rendue à mon mari par madame de Richeville.

Donner à sa femme un portrait fait autrefois pour une maîtresse, c'est une de ces indignités naïves qu'un homme se permet sans même se douter de ce qu'il y a d'odieux et d'insultant dans un pareil procédé.

A côté de ma table de travail, une petite bibliothèque de bois de rose renfermait mes livres de prédilection ; enfin entre les deux fenêtres était mon piano.

En passant devant une glace je me regardai : j'étais horriblement pâle et maigre ; mes pommettes déjà un peu saillantes et légèrement pourprées témoignaient de la fièvre dont j'étais brûlée depuis deux jours ; mon regard était très brillant, très animé, mais j'avais les lèvres violettes et les mains glacées.

J'étais habillée de noir, mes cheveux lissés en bandeaux, car je n'avais pas songé à les faire boucler.

Je contemplais avec une sorte de joie sombre le ravage que les chagrins avaient imprimé à mes traits, et je me comparais à Ursule toujours si fraîche et si rose.

Dix heures et demie sonnèrent à l'antique horloge du château, mon mari entra chez moi.

Lui aussi, depuis deux jours, avait cruellement changé, il était d'une pâleur extrême; les veilles, les pleurs... peut-être, avaient rougi ses yeux, il semblait accablé, sa physionomie était presque farouche.

— Je ne chercherai pas à le nier — me dit-il brusquement — les torts que j'ai envers vous sont très grands, vous devez me détester,.... soit, détestez-moi.

— Je vous prie de m'entendre, Gontran; notre position sera fixée aujourd'hui, je dois vous dire avec la plus entière franchise le résultat de mes réflexions et ma résolution inébranlable...

— Je vous écoute...

— Pendant ces deux jours que je viens de passer seule, je ne sais par quel étrange mirage de ma pensée tous les évènements qui ont eu lieu depuis que je vous connais me sont apparus pour ainsi dire en un seul moment; j'ai pu en saisir à la fois et l'ensemble et les détails, je les ai jugés avec une sûreté, avec une hauteur de vue dont j'ai été moi-même étonnée. En contemplant ainsi les jours d'autrefois, j'ai reconnu, sans fol orgueil, que mon dévoûment envers vous n'avait jamais failli, que j'avais fait des prodiges de tendresse pour conserver mon amour intact et pur malgré vos dédains. Excepté quelques plaintes rares que m'arrachait une douleur intolérable, j'ai toujours souffert avec résignation ; à votre moindre velléité de tendresse, vite j'essuyais mes larmes, je venais à vous, le sourire aux lèvres, et je renaissais encore à des espérances de bonheur tant de fois trompées.

— Cela est vrai... mais il n'est pas généreux à vous de mettre à cette heure en présence et mes torts et vos vertus — dit Gontran avec amertume.

— Si je vous parle ainsi, Gontran, ce n'est pas pour me louer d'avoir toujours agi de la sorte, mais pour m'en blâmer.

— Comment, vous regrettez...?

— Je regrette d'avoir fait justement ce qu'il fallait pour être malheureuse, sans vous rendre heureux ; peut-être même eussiez-vous été moins cruel pour moi... si je m'étais conduite autrement.

— Que voulez-vous dire?

— Cela va vous sembler étrange... mais le résultat de mes réflexions a été presque de m'accuser et de vous absoudre.

— M'absoudre... moi !

— Vous absoudre, vous... Je ne m'abuse plus, Gontran, je n'ai jamais été pour vous une noble compagne, ayant la conscience de sa dignité et un caractère assez ferme pour se faire respecter ; j'ai été votre lâche esclave, et je n'ai eu que les qualités négatives de l'esclave, la soumission aveugle, la résignation stupide, la patience inerte. En me voyant ainsi, vous avez dû me traiter comme vous m'avez traitée, et n'avoir pour moi ni merci, ni pitié.

— Je ne sais dans quel but vous voulez m'innocenter ainsi? — dit Gontran en me regardant avec défiance.

— Je pourrais vous dire que c'est pour vous rendre moins cruel l'aveu qui me reste à vous faire, mais je mentirais : si je ne désire pas vous blesser sans raison, je m'inquiète assez peu maintenant que vous souffriez ou non de ce que je dois vous dire.

Mon mari parut frappé de mon expression de froideur insouciante.

— Votre langage est nouveau pour moi, Mathilde.

— Il doit être aussi nouveau que le sentiment qui le dicte... aussi nouveau que l'aveu que je vais vous faire.

— Mais, de grâce, expliquez-vous.

— Après ce long coup-d'œil jeté sur le passé, j'ai fait encore une découverte... une découverte affreuse, je vous le jure, c'est que mes chagrins, pourtant si vrais, si douloureux, étaient à peine dignes d'intérêt... c'est que mes lamentations continuelles étaient plus fastidieuses que touchantes, c'est que mes larmes éternelles avaient dû, avec raison, vous impatienter, vous exaspérer, mais rarement vous apitoyer.

— Raillez-vous, Mathilde? la raillerie serait cruelle.

Je pris mon mari par la main, je le menai devant la glace, et là, lui montrant mon visage flétri, je lui dis :

— Pour que je sois ainsi changée, il m'a fallu bien souffrir, n'est-ce pas, Gontran! Eh bien ! jugez donc ce que j'ai ressenti lorsque la raison m'a forcée d'avouer que mes chagrins étaient à peine dignes de pitié; lorsque je me suis dit... demain je les raconterais à un juge impartial, qu'il aurait le droit de me dire : « *C'est votre faute...* » Hé bien ? croyez-vous qu'en face d'une telle conviction j'aie le courage de railler, Gontran?...

— Vous avez cette conviction, Mathilde ?

— Oui, je l'ai... Oui, demain le monde saurait une à une les tortures que j'ai endurées, qu'il dirait en haussant les épaules avec mépris : « La stupide... l'ennuyeuse créature!
« avec ses plaintes et ses gémissements conti-
« nuels ! Elle n'a que ce qu'elle mérite. On ne
« peut donc pas être honnête femme et mal-
« heureuse sans être insupportable! Après
« tout, son caractère à la fois si faible, si la-
« mentable et si susceptible, ferait presque
« excuser la dureté de son mari. Certes, Ur-
« sule est bien perfide, bien effrontée, bien
« corrompue; eh bien ! l'on comprend que
« M. de Lancry la préfère mille fois à Mathil-
« de : car au moins Ursule a du charme, du
« piquant; on trouve en elle de ces alternati-

« ves de bien et de mal qui tiennent, pour
« ainsi dire, toujours l'esprit et le cœur en
« éveil : Mathilde, au contraire, est une per-
« pétuelle résignation larmoyante et monoto-
« ne ; elle a toutes les vertus, soit ; personne
« ne songe à les lui nier... mais elle ne sait
« guère rendre la vertu aimable. En un mot,
« c'est une femme qui a le plus grand tort de
« tous : celui d'aimer et de ne pas savoir se
« faire aimer. » Voilà ce que le monde dirait,
Gontran... voilà ce qu'il aurait le droit de
dire, à son point de vue, à lui.... Quelques
âmes compatissantes me plaindraient peut-
être ; en songeant que ma vie auprès de vous
a pu se résumer ainsi : « Aimer noblement...
souffrir et se résigner... » Oui, ceux-là me
plaindraient peut-être, mais ils ne feraient
que me plaindre... et entre la pitié et la sym-
pathie il y a un abîme !

— Quel langage, Mathilde !...

— Hé bien, encore une fois, croyez-vous
que je raille, Gontran, lorsque je vous dis
qu'après tant de larmes versées il ne me reste
pas même la consolation de me croire digne
d'intérêt ?

— Et qui a pu, mon Dieu! vous donner une si fatale conviction? — s'écria Gontran.

— La raison... la froide et inflexible raison; mais il faut que le cœur soit bien vide, bien désert, pour que cette voix sévère puisse y retentir!...

— Que dites-vous?... votre cœur!...

— Mon cœur est vide et désert depuis que je ne vous aime plus, Gontran... et seulement depuis que je ne vous aime plus, j'ai pu juger ma conduite et la vôtre avec impartialité.

— Vous ne m'aimez plus! — s'écria-t-il.

— Non.... c'est ce qui fait que je vois tout avec désintéressement; c'est ce qui fait que je ne crains pas de vous affliger en vous parlant ainsi... On m'eût dit que l'amour immense que je ressentais pour vous... que cet amour, qui avait résisté à de si rudes épreuves, diminuerait un jour, que j'aurais crié au blasphème!... et pourtant... il s'est éteint.

— Mathilde... Mathilde!...

— Il s'est complètement éteint pendant le peu d'instants que j'ai mis à lire la lettre que vous écriviez à Ursule... Je ne vous fais pas de reproches, Gontran; je n'ai plus le droit de vous en faire... vous perdez un cœur tel que le mien... je le dis sans vanité, vous êtes assez puni... je n'ai ni à espérer ni à craindre que maintenant mes sentiments pour vous changent de nature. Je me connais assez pour voir que, malheureusement, je ne dois rien éprouver à demi ; la sagesse eût été peut-être de vous aimer moins violemment et de ne pas vous désaimer si vite, je le sais, mais je suis ainsi. On ne peut rien contre la désaffection : je ne l'explique pas, je la ressens. Sans doute mon amour pour vous était depuis longtemps et à mon insu *miné* par mes larmes, il a suffi d'une violente secousse pour le déraciner tout à fait : votre lettre à Ursule m'a invinciblement prouvé que tout espoir était à jamais perdu pour moi, mon amour a dû se briser, se perdre contre une impossibilité. Tout ce que je sais, c'est qu'à mesure que je lisais cette lettre un refroidissement lent mais profond, mais presque physique, paralysait mon cœur. Une comparaison vous rendra ce que j'éprouvais : ce n'était pas une tourmente impétueuse qui confondait, qui heurtait en moi les passions les plus contraires, comme l'orage courbe, ébranle tout dans son tourbillon; non, non... au moins, l'orage passé, si tout a cruellement souffert, tout n'est pas détruit; ce que j'éprouvais, c'était un envahissement sourd, croissant; peu à peu il glaçait et anéantissait mon amour... comme ces muettes inondations qui montent, montent, jusqu'à ce qu'elles aient tout englouti sous leur effrayant niveau et qu'elles n'offrent plus à l'œil épouvanté qu'une immensité déserte, silencieuse, où rien... rien n'a surnagé.

D'abord stupéfait, mon mari me répondit avec un dépit concentré.

— La soudaineté même de votre désenchantement à mon égard vous prouve qu'il n'est pas sincère; sans doute, j'ai des torts... j'ai de grands torts envers vous, mais je ne mérite pas un traitement pareil.

— Il arrive ce qui devait arriver, Gontran; je m'y attendais, votre amour-propre se révolte à cette pensée : que je ne puis plus vous aimer... que je ne vous aime plus... Je conçois même que la soudaineté de mon désenchantement, comme vous dites, puisse entretenir votre illusion à cet égard... mais vous vous trompez, jamais je ne me suis égarée sur mes impressions.

Mon mari haussa les épaules.

— Vous croyiez aussi toujours m'aimer, vous l'avez dit vous-même, et vous voyez bien qu'en ce moment vous croyez votre amour éteint; il en sera de même de votre ressentiment, il aura son terme... — ajouta-t-il avec une confiance imperturbable.

— Votre comparaison n'est pas juste, Gontran; je vous aurais toujours aimé, j'en suis sûre, si vous n'aviez pas tout fait pour tuer cet amour. Je vous dirai avec la même franchise que maintenant vous feriez tout au monde pour vaincre ma profonde indifférence, que vous n'y réussiriez pas.

— Mais enfin ce ne sont que des étourderies, ce n'est qu'une infidélité, et il n'y a pas une femme qui, après son premier mouvement de vanité blessée, ne pardonne une telle faute.

— Je ne dis pas non, je ne prétends pas que toutes les femmes pensent ou doivent penser comme moi... J'ai tort sans doute, c'est un malheur de ma destinée d'être toujours accusée, ou c'est plutôt un vice de mon caractère d'être toujours exagéré.

— Mais, encore une fois, si c'est seulement la lettre que j'ai écrite à votre cousine qui cause votre éloignement pour moi, il n'est pas fondé !

— Je ne veux pas récriminer le passé, Gontran ; seulement, puisque vous parlez de cette lettre, rappelez-vous-en les termes, et vous reconnaîtrez qu'il n'y avait pas une de ses expressions qui ne dût porter un coup mortel aux espérances les plus opiniâtres. Vous m'avez incurablement blessée comme femme, comme épouse et comme mère. Ce n'est pas tout : cette passion, au nom de laquelle vous m'avez sacrifiée sans hésitation, sans pitié, a été, est et sera la seule véritable passion de votre vie... vous verrez que mes prévisions se réaliseront. Je l'avoue sans fausse humilité ou plutôt avec orgueil, je n'ai rien de ce qu'il faut pour lutter avec avantage contre Ursule, si malgré ses promesses elle veut continuer de vous séduire ; je n'ai non plus maintenant aucune compensation de cœur à vous offrir, si elle continue de vous dédaigner. Ce n'est pas tout encore, vous me pardonnerez ma franchise, il m'en coûte de vous parler ainsi : tant que je vous ai aimé, je me suis tellement aveuglée sur certaines circonstances de votre vie que, ne pouvant les excuser, j'avais fini par me persuader que j'aurais été aussi coupable que vous ; maintenant mes illusions sont dissipées, votre conduite m'apparaît dans son véritable jour, et, en admettant que j'oublie jamais vos torts, vos infidélités, comme vous dites, il me serait impossible d'aimer un homme... que je ne pourrais plus estimer.

— Mathilde, que signifie?...

— Avant mon mariage, avant que j'eusse subi la fascination de la passion la plus folle, j'aurais su ce que j'ai su depuis... que je ne vous aurais pas épousé.

— Mais, encore une fois, Madame, que savez-vous donc qui puisse vous empêcher de m'estimer? car je ne suppose pas qu'on soit un malhonnête homme par cela même qu'on éprouve un amour insurmontable pour une femme qui en est indigne... en admettant que ce que vous dites soit vrai.

Après une dernière hésitation, je racontai

à Gontran toute la scène de la maison isolée de M. Lugarto, et de quelle manière M. de Mortagne et M. de Rochegune avaient forcé cet homme à restituer le faux que Gontran avait commis.

Mon mari fut atterré.

Pendant ce court récit, il ne me dit pas un mot.

Aux termes où j'en étais avec lui, je n'avais plus de scrupules à conserver ; il ne pouvait plus y avoir de tels secrets, de tels ménagements entre nous, je tenais à établir franchement ma position envers mon mari.

Si je voulais être généreuse plus tard, je ne voulais pas être dupe.

Aux sombres regards qu'il me jeta de temps à autre en marchant avec agitation dans la chambre, je vis que, selon les prévisions de M. de Mortagne, mon mari ne me pardonnerait jamais d'être instruite de cette fatale action.

Après avoir marché quelques moments avec agitation, Gontran s'assit dans un fauteuil, et cacha sa tête dans ses mains.

Il me fit pitié.

— Je ne vous aime plus d'amour—lui dis-je — vous avez commis une action coupable, mais je n'en porte pas moins votre nom. Vous êtes le père de mon enfant, c'est assez vous dire que si vous avez à jamais perdu un cœur brûlant du plus saint amour, il vous reste aux yeux du monde une femme; et cette femme ne manquera jamais aux devoirs que sa position lui impose envers vous. En apparence, rien ne sera donc changé dans nos relations; sans les calomnies dont nous sommes victimes, je vous aurais demandé une séparation amiable; mais, quoi qu'en dise mademoiselle de Maran, nous ne pourrions, je le crois, que perdre tous deux à cet éclat. Il sera donc convenable que nous vivions encore quelque temps ainsi que nous vivons; plus tard, nous agirons selon les circonstances.

— Soit, — dit brusquement Gontran. — Je ne chercherai pas à vous faire revenir de vos préventions; désormais nous vivrons séparés, et je vous débarrasserai au plus tôt de mon odieuse présence... Vous n'oubliez pas le mal que l'on vous fait... vous avez raison.

— Je vous assure que maintenant je l'ai

complètement oublié, je pourrais me venger que je ne me vengerais pas. L'effet subsiste, les causes me sont maintenant indifférentes.

Après un moment de silence, Gontran s'écria :

— Mais non, non, c'est impossible, tant de froideur ne peut avoir succédé à tant de dévoûment, vous ne pouvez me traiter avec tant de cruauté !... surtout dans un moment...

— Où vous avez besoin de consolation peut-être ?... — dis-je à Gontran ; — aussi je vous assure que ce n'est pas la jalousie qui m'empêcherait de vous plaindre, mais le respect humain ; je vois trop que l'amour que vous ressentez vous sera fatal pour ne pas en être épouvantée : tout ce qui vous arrivera de malheureux ne me trouvera jamais insensible...

— Après tout, — s'écria Gontran en se levant brusquement, — je suis bien fou de m'affecter ! Comme vous le dites, Madame, notre position est désormais parfaitement tranchée ; vous ne m'aimez plus d'amour, soit : on vit parfaitement bien en ménage sans amour. Ma présence vous est importune, je vous l'épargnerai : vous vivrez de votre côté, moi du mien; je ne m'oppose pas le moins du monde à vos projets.

— Gontran, seulement il est un point très délicat qui me reste à aborder ; je désire que les deux tiers de ma fortune soient placés de manière à ce que l'avenir de notre enfant soit assuré.

— Ce soin me regarde, Madame, j'y veillerai.

— Je crois devoir vous prévenir qu'ignorant complètement les affaires, et désirant que celle-là soit faite le plus régulièrement possible, je prendrai les conseils de M. de Mortagne.

— Je n'aurai jamais aucune relation avec cet homme, Madame.

— Je ne vous le demande pas non plus. — Vous aurez la bonté de me fournir la preuve que mes intentions seront exécutées. Si M. de Mortagne trouve cette pièce en règle et suffisante, je ne vous demande rien de plus.

— Tout ceci, Madame, ne peut se faire comme vous le désirez. Le sort de notre enfant m'intéresse autant que vous : c'est à moi, à moi seul d'y pourvoir; et je ferai pour cela ce qui sera nécessaire sans que vous exerciez votre contrôle sur des affaires qui me regardent exclusivement.

— Vous ne voulez pas me donner de garantie certaine pour ce que je vous demande, Gontran?

— Non, Madame.

— Je dois alors vous prévenir que j'emploierai tous les moyens possibles pour y parvenir.

— Faites, Madame, vous êtes libre.

Telle fut l'issue de cet entretien avec mon mari.

## CHAPITRE XV.

#### DÉSESPOIR D'AMOUR.

Quelques jours après cet entretien, M. de Lancry envoya à Paris son valet de chambre en qui il avait toute confiance.

Depuis le départ de cet homme, mon mari reçut presque chaque jour une lettre de lui.

J'attendais avec autant d'impatience que d'inquiétude la réponse de M. de Mortagne.

C'était la seconde fois que je lui écrivais. Je ne comprenais pas son silence.

Ma vie continuait de se passer triste et morne. Quelquefois je m'étonnais de ce que l'indifférence avait si subitement remplacé l'amour; cela était pourtant naturel.

Les sentiments violents et profonds ne peuvent passer par les pâles transitions d'un refroidissement successif.

Ils vivent toujours, ou ils s'éteignent comme ils sont venus... subitement, après avoir résisté longtemps, vaillamment, aux atteintes les plus cruelles.

Oui, ces sentiments tombent et meurent tout à coup comme le guerrier qui s'aperçoit seulement en expirant qu'il est criblé de blessures et qu'il a perdu tout son sang dans le combat.

Une chose encore me surprenait et je ne savais si je devais en être fière ou honteuse... Cette désaffection me glaçait le cœur, mais bien des circonstances de ma vie m'avaient été plus douloureuses.

Était-ce du courage? était-ce de la résignation? était-ce de l'indifférence?

Je surpris bientôt le secret de ma conduite.

Je me consolais de ne plus aimer M. de Lancry en songeant que toutes les puissances de mon âme seraient désormais concentrées sur un seul être. Mon cœur me trompait-il encore? n'était-ce pas continuer d'aimer Gontran que d'idolâtrer son enfant?

Je ne pouvais donc pas m'abuser : l'amour maternel remplissait mon cœur tout entier, seul il causait ma fermeté. Car lorsque, par malheur, je songeais que la divine espérance dont le ciel m'avait douée, n'était qu'*une espérance,* lorsque je me demandais quel serait le vide de mon cœur si elle m'était ravie... oh! alors j'étais saisie de vertige et je détournais ma vue de ce ténébreux abîme pour la reporter vers le radieux avenir qui seul m'attachait à la vie. . . . . . . . . . . . . . . . . . .

. . . . . . . . . . . . . . . . . . . . . . . . .

L'hiver était arrivé avec ses sombres froids, ses tristes brouillards, ses longues soirées, que la douce intimité du foyer domestique n'abrégeait pas.

A déjeuner, à dîner, j'échangeais quelques rares paroles avec Gontran, puis il rentrait chez lui, moi chez moi.

Ses habitudes étaient complètement changées.

Il ne chassait plus ; mais, malgré la rigueur de la saison, presque chaque jour il sortait à pied dans la forêt : il y passait de longues heures, revenait avec une scrupuleuse exactitude pour l'heure de la poste, puis il repartait et ne rentrait quelquefois qu'à la nuit noire.

D'autres fois il restait deux ou trois jours renfermé chez lui, il s'y faisait servir et n'en sortait pas.

Ses traits commençaient à s'altérer d'une manière effrayante; ses joues creuses, ses yeux caves, le sourire nerveux qui contractait ses lèvres, donnaient à sa physionomie une expression de douleur, de chagrin, d'abattement que je ne lui avais jamais vue.

A l'heure de la poste il ne pouvait vaincre son anxiété, il allait lui-même au-devant du messager. Un jour, de l'une de mes fenêtres, je le vis recevoir une lettre, la regarder quelque temps avec crainte, comme s'il eût redouté de l'ouvrir, puis la lire avidement, et ensuite la déchirer et la fouler aux pieds avec rage.

Par deux fois il fit faire tous les préparatifs de son départ, et il le suspendit.

Un soir j'étais dans mon parloir avec Blondeau à ouvrir une caisse de robes d'enfant que j'avais fait venir d'Angleterre; tout-à-coup Gontran pâle, défait, presque égaré, entra en s'écriant avec un accent déchirant : — Mathilde….. je ne puis plus longtemps… — Mais voyant Blondeau il s'interrompit et disparut.

Je le cherchai; il était renfermé chez lui, je restai longtemps à sa porte sans qu'il voulût m'ouvrir.

Un autre jour il quitta les vêtements négligés qu'il portait, s'habilla avec la plus grande élégance, entra chez moi, et me dit d'un air égaré :

— Franchement, comment me trouvez-vous? suis-je très changé? En un mot, ne suis-je plus capable de plaire? ou suis-je encore *aussi bien* que j'étais autrefois?

Je le regardai avec surprise… Il s'écria violemment en frappant du pied : — Je vous demande si je suis très changé, m'entendez-vous?

A mon étonnement avait succédé la frayeur, tant cette question et l'air dont il la faisait me semblaient insensés. Je ne savais que lui répondre. Il sortit en fureur après avoir brisé une coupe de porcelaine de Chine qui se trouvait sur une table.

Enfin, l'avouerai-je! Blondeau sut par notre maître d'hôtel que M. de Lancry s'enivrait quelquefois le soir avec des liqueurs fortes qu'il se faisait porter chez lui.

Je ne pouvais plus en douter, ces excès, ces emportements, les bizarreries de Gontran me prouvaient qu'il ressentait les violentes agitations d'une passion désespérée et qu'il voulait quelquefois chercher dans l'ivresse l'oubli de ses peines.

La pitié qu'il m'inspira me fit croire que tout amour était à jamais éteint dans mon cœur. J'étais navrée de le voir si malheureux, j'accusais amèrement Ursule, mais je ne ressentais plus de jalousie contre elle.

A mon grand regret, je sentais que je ne pouvais rien pour Gontran et que mes consolations devaient être stériles. Je ne voulais ni n'osais d'ailleurs aborder un pareil sujet avec lui, j'attendis donc une occasion favorable.

Un jour le courrier étant arrivé un peu plus tôt que de coutume, on apporta les lettres de mon mari dans la bibliothèque où je le trouvai en allant chercher un livre.

Il rompit le cachet avec émotion, lut, pâlit,

laissa tomber la lettre et se cacha le front dans ses deux mains.

Je m'approchai de lui tout émue.

— Gontran — lui dis-je — vous souffrez...

Il tressaillit, releva vivement sa tête...

Il pleurait !...

Sa figure flétrie exprimait un désespoir profond.

—Eh bien ! oui... je souffre —me dit-il avec amertume — que vous importe?

— Écoutez-moi, mon ami — lui dis-je en prenant sa main brûlante et amaigrie ; —il est des chagrins dont je puis maintenant vous plaindre...

— Vous ? vous ?

— Oui, par cela même que je n'ai plus pour vous d'amour; je puis... je dois vous apporter les consolations d'une amie... Vous souffrez... je n'ai pas besoin de vous demander la cause du changement que j'ai remarqué en vous depuis quelque temps.

— Eh bien! oui... — s'écria-t-il hors de lui — pourquoi me contraindrais-je avec vous maintenant? Oui, *je l'aime* avec passion ; oui, je l'aime comme un enfant, comme un insensé... oui, je l'aime comme personne n'a jamais aimé... et pourtant ses dédains sont impitoyables, c'est à cause de moi qu'elle est perdue... et elle ne veut pas même que je me fasse un droit du malheur que je lui ai causé... Car, enfin, il est maintenant de mon honneur de la protéger... et... mais, tenez : pardon... pardon, c'est à vous... à vous, mon Dieu... que je dis cela.

— Et vous pouvez me le dire, Gontran, vous ne m'apprenez rien là de nouveau, je ne puis plus avoir de doute sur la passion qui vous désole... fatale... fatale passion qui m'a déjà coûté mon bonheur. et qui ne vous cause que des chagrins !

— Oh ! oui, fatale, bien fatale ! Vous ne savez pas ce qu'elle m'a aussi coûté de larmes, de désespoirs cachés, d'accès de rage impuissante, de résolutions folles ou criminelles !... Vous ne savez pas les ignobles étourdissements que j'ai demandés à l'ivresse... Oh ! cette femme infernale savait bien quel amour elle me jetait au cœur !... infâme et horrible amour... auquel je vous ai déjà sacrifiée... vous !... Tenez, je suis un misérable, ou plutôt je suis un fou... et pourtant... malgré moi, chaque jour cet amour augmente... deux fois j'ai été sur le point d'aller la rejoindre... mais je n'ai pas osé : avec un caractère aussi intraitable que celui de cette femme, une fausse démarche peut tout perdre... et malgré moi encore, je conserve toujours une lueur d'espoir... mais, tenez : encore pardon, mon Dieu... je vous irrite... je vous blesse.

— Je puis maintenant tout entendre, je vous le jure, Gontran... pour vous et pour moi, c'est une triste compensation à ce que nous avons perdu tous deux.

— Oh! je le sais... je le sais!... Je ne puis plus compter sur votre amour, il faut y renoncer; mais ne soyez pas impitoyable, laissez-moi épancher mon cœur près de vous... Maintenant que vous ne m'aimez plus, cela ne peut pas vous froisser... Allez, Mathilde, je suis si malheureux, que c'est presque vous venger de moi-même que de vous avouer ce que j'endure. Oh! si vous saviez ce que c'est que de souffrir d'une douleur muette et concentrée!...

— Je le sais, Gontran... je le sais...

— Vingt fois j'ai été sur le point de me jeter à vos genoux, de vous tout avouer, de vous demander au moins votre pitié. Mais tous mes torts passés me revenaient à la pensée, j'ai eu honte de moi-même, je n'ai pas osé... En silence, j'ai dévoré mes larmes... oui, car je pleure, vous le voyez bien... je suis faible, je pleure comme un enfant.

Et il pleurait encore ; puis, essuyant ses larmes, il s'écria :

— Mais elle est donc sans pitié, cette femme... mais elle ne réfléchit donc pas que je vous ai sacrifiée à elle... vous, noble... généreuse créature, aussi noble, aussi généreuse qu'elle est, elle, perverse et infâme... Mais elle ne songe donc pas... que mon aveuglement peut avoir un terme!... Quoi qu'elle en dise, son orgueil infernal est flatté de me voir à ses pieds... Elle ne sait donc pas que mon illusion dissipée, il ne me restera pour elle que mépris et que haine... Oh! sa vanité peut encore recevoir un coup cruel, en me voyant revenir à vous... à vous qu'elle envie toujours quoi qu'elle dise.

— Tout retour vers le passé est impossible,

Gontran, il faut renoncer à tout jamais à porter à Ursule ce coup que vous croyez si rude à son orgueil.

— Eh bien ! tenez, méprisez-moi, Mathilde, mais je ne puis vous le taire ; c'est depuis que vous m'avez dit ces mots, si cruels dans votre bouche : *Je ne vous aime plus,* que j'ai seulement senti tout ce que j'ai perdu en vous perdant... oui, ce qui rend mon chagrin plus affreux encore... c'est de ne pouvoir plus me dire : J'ai toujours là, près de moi, un cœur noble, aimant, généreux, qui oublie, qui pardonne et auquel je reviens toujours avec confiance, parce que sa bonté est inépuisable...

— Oui... ce cœur était ainsi... à vous : oh ! bien à vous, Gontran.

— Mais ce cœur est encore à moi... vous vous abusez, Mathilde... un amour comme le nôtre laisse dans le cœur des racines inaltérables ; il peut languir pendant quelque temps, mais il reparaît bientôt plus vivace que jamais. Mathilde, ne me désespérez pas, aidez-moi à vaincre cette abominable passion : je vous le jure, je n'ai jamais mieux apprécié tout ce qu'il y a de grand, d'élevé dans votre cœur...

Oh! quelle serait sa rage, à cette femme, si elle *nous croyait heureux,* unis, tendrement occupés l'un de l'autre!... Quel coup mortel recevrait son orgueil! Tenez, Mathilde... soyons sans pitié pour elle... venez, venez à Paris, et *affectons* de paraître devant elle plus passionnés que jamais ; elle aussi, alors, connaîtra les angoisses qu'elle nous a fait souffrir...

Cette étrange proposition me prouva l'exaltation de Gontran, et combien la passion est toujours aveugle et personnelle.

Il ne pouvait pas avoir dans ce moment l'intention de me blesser, et il me proposait de jouer un rôle odieux pour exciter la jalousie d'Ursule!

— Autrefois, — dis-je à mon mari, — ces paroles m'auraient fait un mal horrible, aujourd'hui elles me font tristement sourire... Hélas! l'amour vous domine à ce point que vous ne vous apercevez pas que cette velléité d'un retour à moi est une nouvelle preuve de l'irrésistible influence qu'Ursule exerce sur vous.

— Mais cela est affreux pourtant... si cette

femme ne doit jamais m'aimer ! — s'écria-t-il, — si elle se rit de mes souffrances, si ses dédains ne sont pas un manége de coquetterie, pourquoi ne puis-je donc renoncer à l'espoir de me faire aimer un jour? Pourquoi trouvai-je une amère volupté dans les chagrins qu'elle me cause? Pourquoi est-ce que je l'adore enfin... quoique je la sache dissimulée, perfide et indifférente à mon amour?

— Mon Dieu... mon Dieu ! — m'écriai-je en joignant les mains, — votre volonté est toute-puissante ; pour punir Gontran vous lui faites endurer tout ce qu'il m'a fait souffrir.

— Que voulez-vous dire, Mathilde?

— Savez-vous, Gontran, qu'il y a quelque chose de providentiel dans ce qui se passe ici... Lorsque j'éprouvais pour vous une passion aveugle, opiniâtre, moi aussi je me disais : Si Gontran ne m'aime plus, pourquoi ai-je en moi l'espoir enraciné de m'en faire encore aimer? Pourquoi son indifférence, ses duretés ne me lassent-elles pas? Comme vous je me demandais cela, Gontran ; comme vous je trouvais une sorte d'amère volupté dans ces chagrins; comme vous, chaque jour, j'affrontais vos nouveaux mépris avec une confiance désespérée... comme vous, sans doute, je passais de longues nuits à interroger ce douloureux mystère de l'âme!

— Oh! n'est-ce pas, qu'il n'y a rien de plus affreux que de se sentir entraîné par un sentiment irrésistible! — s'écria Gontran tellement absorbé par sa personnalité, qu'il oubliait que c'était à moi qu'il parlait. — Oh! n'est-ce pas, — reprit-il, — n'est-ce pas qu'il est affreux de voir, de reconnaître que la raison, que la volonté, que le devoir, que l'honneur sont impuissants pour conjurer ce fatal enivrement?

— Vous peignez avec de terribles couleurs les maux que vous m'avez causés, Gontran... mais moi, en vous aimant malgré vos dédains, je cédais à la voix du devoir, c'était l'exagération d'un noble amour... En aimant cette femme malgré ses mépris, vous cédez à un penchant coupable... c'est l'exagération d'un criminel amour.

Un moment abattu, l'égoïsme indomptable de M. de Lancry se manifesta de nouveau. Il s'écria :

— Par le ciel! il y a un abîme entre votre caractère et le mien... Vous êtes une pauvre jeune femme, faible et sans énergie; vous ne saviez rien de la vie et des passions, mais je n'en suis pas là... Après tout il ne sera pas dit qu'une provinciale de dix-huit ans, inconnue, sans consistance et maintenant perdue, abandonnée de tous, me jouera de la sorte... Elle me fuit... elle ne veut pas consentir à me revoir, donc elle me craint... Oh! je le comprends; ce caractère insolent et hautain redoute de rencontrer un maître... La vanité ne m'aveugle pas, elle cherche à se tromper elle-même; elle est si rusée, elle me craint tellement que, dans sa lettre, pour m'ôter tout soupçon de l'influence que j'exerce sur elle, elle attribue d'avance à mon amour-propre la juste confiance que doit me donner toute sa conduite; car elle m'a dit ces mots : *que votre orgueil n'aille pas s'imaginer que je vous fuis parce que je vous crains...* c'est cela... c'est cela.. Plus de doute, je m'étais désespéré trop tôt... elle me craint... donc elle m'aime... L'amour me rendait aussi aveugle qu'un écolier... Oh! Mathilde, vous serez vengée.

J'interrompis mon mari.

— Écoutez-moi, Goutran... Tout à l'heure je vous ai vu malheureux ; quoique la cause de ce malheur fût pour moi un outrage, j'ai pu un moment compatir à des peines que j'avais éprouvées, et oublier que c'était vous qui les aviez causées. Maintenant l'espoir renaît dans votre cœur ; vous me l'exprimez si durement, qu'il serait indigne de moi de vous dire un mot de plus.

— Mathilde.... pardon... Mon Dieu.... je suis insensé.

— Moi qui ai ma raison... je vous donnerai un dernier avis. Ursule est plus habile que vous ; vous tombez dans le piège grossier qu'elle vous a tendu.

— Un piège ? Quel piège ?

— Si elle ne vous eût laissé aucun espoir, vous l'eussiez oubliée peut-être ; mais, en vous faisant soupçonner qu'elle vous fuyait par crainte de vous aimer trop, elle gardait une sorte d'influence sur vous et me portait ainsi un dernier coup sans que je pusse me plaindre, puisqu'elle cessait de vous voir selon sa promesse.

— C'est attribuer une odieuse arrière-pensée à une conduite remplie de générosité — s'écria M. de Lancry.

Ce reproche me révolta.

— Eh! quelle a donc été sa générosité, à cette femme? Comment, après m'avoir frappée dans ce que j'avais de plus cher, elle m'a dit : Je n'ai jamais aimé votre mari, mais je l'ai rendu complice d'une infâme trahison ; maintenant je me repens et je vous jure de ne plus le voir ! Quel sacrifice! après m'avoir fait tout le mal possible, elle renonce à un homme qu'elle n'aimait pas !

— Mais, par l'aveu de sa faute, elle mettait son avenir entre vos mains, madame ! et vous avez vu qu'elle ne s'exagérait pas l'inflexible sévérité de son mari !

— Eh ! ne savait-elle pas, Monsieur, que j'étais incapable de la perdre? Ne lui avais-je pas déjà donné mille preuves de ma bonté, de ma faiblesse. Cessez donc d'exalter si haut ce que vous appelez la générosité de cette femme... Elle me frappait dans le présent et elle ne pouvait rien pour les maux passés.

Indignée de l'égoïsme de M. de Lancry je

me levai pour sortir... mais il s'approcha de moi avec confusion et me prit la main.

— Pardon — me dit-il tristement — pardon ; j'ai honte maintenant de mes paroles, je sens, hélas! ce qu'elles ont de blessant. C'était déjà si bon à vous que de m'écouter... Pardon encore... mais je suis si malheureux que je me trouve sans force dans cette lutte ; mon énergie a pâli, je n'ai plus même la puissance de vouloir : chaque jour je renonce à mes résolutions de la veille... Cette malheureuse pensée est là, toujours là, présente et inflexible ; je ne puis lui échapper. Oh! tenez, cette position est horrible! ... Que faire, mon Dieu, que faire ?

Et cet homme d'un caractère si dur et si entier versa de nouveau des larmes.

Cette honteuse faiblesse m'indigna plus qu'elle ne me toucha.

— Que faire! — lui dis-je — que faire! vous me le demandez? A voir votre accablement, vos impuissants regrets, votre facile résignation à un penchant criminel, ne dirait-on pas que vous êtes invinciblement forcé à agir comme vous agissez!

— Je vous dis que cette influence est irrésistible, Mathilde...

— Je vous dis, moi, que ce sont de lâches excuses ! Que faire, dites-vous ? Il faut vous conduire enfin en honnête homme, en homme de cœur ! Écoutez-moi, Gontran : je ne suis plus aveuglée sur vous; le moment est venu de vous parler avec une rude franchise : mon avenir et le vôtre, celui de notre enfant dépendent de la résolution que vous allez prendre aujourd'hui ! Vous m'avez épousée sans amour, vous avez commis une action qui touche au déshonneur, vous m'avez jusqu'ici rendue la plus malheureuse des femmes, vous nourrissez une passion misérable...

— Encore des reproches... ayez donc pitié de moi à votre tour, Mathilde !

— Si je vous rappelle ce triste passé, c'est pour bien établir votre position et la mienne, et répondre à votre question... *Que faire ?* je vais vous le dire... moi... Aujourd'hui, au moment où nous parlons, il dépend encore de vous d'avoir une vie heureuse et honorée, demain peut-être il serait trop tard.

— Eh bien, oui ! éclairez-moi, consolez-moi... venez à mon aide... Mathilde, vous ne pouvez avoir que de nobles inspirations, je les suivrai.

— Vous êtes jeune, courageux, vous avez de l'esprit, vous êtes riche ; vous êtes assez heureux pour que la preuve d'une fatale action, qui pouvait vous déshonorer, soit anéantie ; vous êtes assez heureux pour que le vrai et le faux soient tellement confondus dans les calomnies du monde, que les honnêtes gens hésiteront à se prononcer contre vous : changez de vie, devenez utile, faites compter avec vous, et l'opinion du monde vous reviendra.

— Mais, encore... comment... par quels moyens ?

— Jusqu'ici, à part vos services militaires, votre vie a été oisive, dissipée, donnez-lui un but sérieux, servez votre pays, occupez-vous... N'est-il pas des carrières honorables que vous pouvez encore embrasser ? n'avez-vous pas été militaire, diplomate ?...

— Je n'accepterai ni ne demanderai jamais aucun emploi à ce gouvernement.

— Soit, vous avez raison... cette susceptibilité se comprend, par votre position... par votre reconnaisance pour une famille qui a comblé vous et les vôtres et à laquelle mes parents aussi ont toujours été dévoués, vous appartenez au parti qui représente les droits et les espérances de cette royale famille ; eh bien ! joignez-vous à ses courageux défenseurs.

— Me conseillez-vous donc d'aller en Vendée ?

— Je ne vous conseille pas de prendre part à la guerre civile. Il est des entraînements que je comprends, que j'excuse, que j'admire peut-être, mais que je ne voudrais pas vous voir partager : n'est-il pas d'autre moyen de servir cette opinion ?

— Mais, comment ?

— Eh ! que sais-je... A la chambre, par exemple ; n'y a-t-il pas une belle place à prendre parmi les royalistes ?

— A la chambre, vous n'y songez pas... quelles chances d'ailleurs ?

— Si vous le vouliez, vous pourriez en avoir de grandes... Les propriétés que nous possédons ici, les souvenirs que ma famille y a laissés favoriseraient, j'en suis sûre, votre élection ; acceptez cette espérance ; que désormais vos pensées tendent à ce but. Votre esprit est facile et brillant, donnez-lui la solidité, la profondeur qui lui manquent. Vous voulez représenter votre pays, étudiez ses lois, son gouvernement... Complétez, par une instruction sérieuse, les avantages que nous donnent la pratique et la connaissance du monde... Vous avez autour de nous nos fermiers, nos tenanciers, toutes personnes dont peut dépendre une élection. Exercez sur eux le charme que vous possédez quand vous le voulez, informez-vous de leurs intérêts, de leurs besoins, faites-vous aimer : jusqu'ici, ils n'ont vu en vous que le gentilhomme oisif et indifférent aux grandes questions qui agitent le pays : montrez-leur que vous êtes capable d'autre chose que de conduire votre meute; prouvez-leur qu'on peut être d'ancienne race, qu'on peut défendre des principes que l'on croit salutaires, des droits que l'on croit divins, et qu'on peut aussi prendre en main la pieuse et noble cause des gens qui travaillent, qui souffrent, et les défendre à la face du pays... Employez à d'utiles études les longues soirées d'hiver, chaque jour parcourez nos campagnes ; soyez bon, juste, affable, vous vous ferez des créatures; laissez-moi réaliser ce projet que vous avez si impitoyablement rejeté : à force de bienfaits, à force de services, vous vous rendrez nécessaire, et un jour sans doute vous serez récompensé de vos soins, de vos travaux par le suffrage de ce pays... Donnez ce but à votre vie, Gontran... alors vous combattrez avec succès, alors vous surmonterez la honteuse passion qui vous abat et qui vous énerve... Pour vous encourager dans cette voie belle et glorieuse, vous n'aurez plus sans doute, auprès de vous, un cœur brûlant de l'amour le plus passionné... mais vous aurez du moins une amie sincère qui vous tiendra compte de chaque effort, de chaque louable résolution, qui vous bénira d'être courageux et bon, et puis vous vous direz que cette tâche que vous vous imposez, non seulement peut vous délivrer d'une misérable faiblesse, mais qu'elle peut aussi relever et ennoblir encore le nom que portera votre enfant... Alors Gontran... peut-être en vous voyant si changé, en vous voyant si bon, parce que vous serez heureux et satisfait de vous.... peut-être ce triste cœur, que je sens maintenant froid et mort pour vous, se ravivera-t-il par un de ces miracles dont le ciel récompense quelquefois les vaillantes résolutions... Si au contraire le coup qui l'a frappé a été mortel... eh bien! ma sérieuse amitié, l'éducation de notre enfant, la considération du monde, votre renommée, une louable ambition, peut-être, occuperont assez votre vie pour vous rendre moins regrettable *cet amour dans le mariage* dont vous parliez autrefois...

— Ce n'est pas moi... ce sont les circonstances qui ont renversé cet espoir!... Nous avons aussi eu de beaux jours!

—De trop beaux jours, Gontran!...Un de vos torts a été de me rendre d'abord trop heureuse, sachant qu'une telle félicité ne pouvait pas durer... mon tort à moi a été de croire à la continuation d'un pareil bonheur!.. Quand les mécomptes sont venus, je n'ai pas eu le courage de prendre résolument un parti; ma délicatesse est devenue une susceptibilité outrée, je n'ai su que souffrir. Il a fallu ce désillusionnement complet pour me rendre à moi-même, à la raison... Peut-être le langage ferme et sensé que je vous tiens aujourd'hui eût fait germer en vous de nobles désirs, eût étouffé de honteux projets : je vous aurais à la fois rehaussé à vos propres yeux et aux miens... mais, encore une fois, moi j'avais cru à vos paroles... la déception a été terrible! Pendant ce temps de lutte entre mon amour et vos dédains, ma raison s'était obscurcie, affaiblie; mais, je le sens, elle s'est affermie, agrandie, élevée par la conscience des nouveaux devoirs que la nature m'impose... maintenant je vois, je juge et je parle autrement.

— Autrement... oui, autrement en effet — me dit Gontran qui m'avait écoutée avec une surprise croissante qui lui ôtait la faculté de m'interrompre. — Comment, Mathilde? comment! c'est vous... vous que j'entends? vous toujours si faible... si résignée!...

— Eh bien, répondez, Gontran... me direz-vous encore en pleurant ces mots indignes de vous... *Que faire?*... contre la passion insensée qui m'obsède...

— Non, non! — s'écria M. de Lancry — non! vous serez comme toujours, mon bon ange!... vos nobles et sévères paroles m'ont ouvert un horizon tout nouveau… Oui, oui, je lutterai, je vaincrai cette passion… J'aurai un double but à atteindre, une double récompense à espérer, me réhabiliter à vos yeux et à ceux du monde, et reconquérir ce noble cœur que j'ai perdu… Oh! noble femme parmi les plus nobles femmes, quand je compare ce langage digne, élevé, à toutes les cyniques forfanteries d'Ursule, quand je compare l'émotion pure, salutaire, qu'il me cause, les idées généreuses qu'il éveille en moi, aux ressentiments amers que me laissait toujours son esprit ironique et hautain, je ne puis comprendre combien j'ai pu à ce point vous méconnaître, vous sacrifier… Oh! Mathilde, pour me donner du courage, pour m'affermir dans ma résolution, laissez-moi croire que cet engourdissement passager de votre cœur cessera bientôt! Cette vie nouvelle me serait si douce, partagée avec vous, tendre et aimante comme autrefois…

— Cela est impossible, Gontran; je vous le répète, vous trouverez en moi tout l'appui, toute l'affection que le *devoir* m'impose, je ne puis vous promettre rien de plus. Notre mariage d'amour a passé, un mariage de convenance lui succède : ce seront des relations calmes et tristes, mais remplies de sollicitude et de sincérité... Je ne veux pas me faire valoir, Gontran, mais enfin, réfléchissez à tout ce qui s'est passé entre nous et voyez si je ne me conduis pas...

— Comme la plus généreuse des femmes, c'est vrai, mille fois vrai ! l'habitude du bonheur rend si exigeant... que je ne puis me contenter de ce que je ne mérite même pas.

— Allons, courage, courage, Gontran ; la vie peut être belle encore pour vous ; de nobles ambitions, des occupations attachantes, de glorieux triomphes vous consoleront... Peut-être même un jour ne regretterez-vous rien... peut-être serai-je la seule à m'apercevoir de la différence qui régnera entre le présent et le passé, différence qui vous afflige aujourd'hui... Une existence nouvelle peut commencer pour vous... courage, courage... Si vous vous trouvez malheureux, songez à ceux qui sont plus malheureux que vous.

— Oui, oui, courage, Mathilde... vous le verrez, je serai digne de vous... De ce jour, comme vous le dites, une vie nouvelle va commencer pour moi... Vous avez éveillé dans mon cœur une louable ambition ; je vais suivre vos conseils, en un mot... Malgré moi, d'ailleurs, je regrettais, je me reprochais de rester spectateur indifférent de cette révolution, et de ne pas au moins protester en faveur d'une famille à qui je dois tout... C'était presque une lâcheté. Oh ! merci à vous de m'en avoir fait honte. . . . . . . . . . . . . . . . . . .

Je l'avoue, cet entretien me donna quelque espoir, je remerciai Dieu de m'avoir si bien inspirée.

Plus je réfléchissais aux conseils et aux espérances que j'avais donnés à Gontran, plus je m'en applaudissais.

Si l'ambition pouvait germer dans son âme, elle grandirait bien vite assez pour étouffer la passion qu'il ressentait pour Ursule.

Gontran, avec son esprit et sa connaissance des hommes, une fois mêlé aux affaires politiques, pouvait certainement bientôt arriver à une position considérable.

## CHAPITRE XVI.

LE DÉPART.

Le lendemain de cette conversation qui m'avait donné tant d'espoir, et dans laquelle Gontran m'avait manifesté une si généreuse résolution, je ne vis pas mon mari.

Sur les deux heures, le temps était très beau quoique froid. Je fis demander à M. de Lancry s'il voulait faire avec moi une promenade en voiture. Blondeau vint me dire qu'il était très occupé et qu'il regrettait de ne pouvoir m'accompagner.

Je crus qu'avec l'ardeur naturelle de son caractère il songeait déjà aux travaux qui devaient lui être une distraction si utile.

Je partis seule.

Ce pâle soleil d'hiver me fit du bien ; mon

cœur brisé se dilata, malgré moi une bien vague et bien lointaine espérance vint encore me luire.

Quoique je ne me sentisse plus d'amour pour mon mari, quoique sa présence me fût souvent pénible à cause des cruels souvenirs qu'elle me rappelait, je ne pouvais m'empêcher de songer à la possibilité d'un avenir meilleur.

Si M. de Lancry pouvait parvenir, à force de travail et de volonté, à vaincre sa passion pour Ursule, et à y substituer une noble ambition; alors il était sauvé, il me revenait.

Une fois éveillée chez les hommes de son caractère, l'ambition laisse peu de place aux sentiments tendres. Peut-être alors, me tenant compte de ma résignation, de mon dévoûment, la possession de mon cœur *suffirait-elle* à Gontran...

Hélas! ces pensées me prouvèrent la faiblesse de nos résolutions et l'instabilité de nos impressions.

Sans doute, ainsi que je l'avais dit à mon mari, je ne l'aimais plus, et pourtant, au plus léger espoir de le voir redevenir ce qu'il était autrefois, il me semblait que, moi aussi, je retrouverais le même amour d'autrefois.

J'aimais mieux croire à la léthargie qu'à la mort de mon cœur............

Après une longue promenade, je rentrai ; il était presque nuit.

En approchant du château, je fus très étonnée de voir Blondeau venir à ma rencontre dans la longue allée qui conduisait à la grille du parc.

Elle fit signe au cocher ; la voiture s'arrêta.

Je fus frappée de l'air triste et inquiet de cette excellente femme.

— Monte avec moi — lui dis-je — je te ramènerai.

— J'allais vous le demander, Madame.

Blondeau monta.

— Mon Dieu ! qu'as-tu ? — lui dis-je — tu es pâle... agitée... il se passe certainement quelque chose d'extraordinaire ?

— D'abord, Madame, ne vous alarmez pas.

— Mais, qu'y a-t-il donc ? tu m'effraies !

— Je suis venue au-devant de vous, Madame, parce que j'ai craint qu'au château on ne vous apprît trop brusquement...

— Mais, encore une fois, parle donc, qu'est-il arrivé ?

— Calmez-vous, Madame... calmez-vous... c'est quelque chose qui va bien vous étonner : mais il n'y aurait pas de quoi vous affliger, si vous étiez raisonnable... ce serait peut-être pour le mieux, vous seriez plus tranquille.

— Plus tranquille? mais explique-toi donc.

— D'ailleurs, une lettre que monsieur le vicomte m'a remise pour vous, Madame, vous apprendra sans doute...

— Une lettre ! où est-elle?

— La voici, Madame, mais la nuit est venue... vous ne pourrez pas la lire.

— Mais que t'a dit M. de Lancry?

— Madame, voici ce qui est arrivé. A peine vous veniez de sortir, que Germain, que monsieur le vicomte avait envoyé à Paris il y a quelque temps et qui lui écrivait tous les jours, est arrivé au château, venant de Paris. Il a demandé tout de suite à voir son maître. A peine a-t-il eu causé avec Monsieur pendant cinq minutes...

— Eh bien?

— Je vous assure, Madame — reprit Blondeau en hésitant et en me regardant avec une douloureuse compassion — que cela peut-être vaut mieux ainsi... ce départ...

— Un départ?... M. de Lancry est parti... — m'écriai-je en joignant les mains.

— Et fasse le ciel qu'il ne revienne pas! — dit impétueusement Blondeau ne pouvant se contraindre davantage — car vous mourriez à la peine, ma pauvre madame...

Sans répondre à Blondeau, je courus chez moi pour lire la lettre de M. de Lancry.

Cette lettre, la voici :

Maran... trois heures.

« Vous devinerez sans peine la cause de mon
« départ subit... au point où nous en sommes,
« il est inutile de dissimuler. Vous le voyez
« bien, il y a des fatalités auxquelles on ne
« peut, sans folie, essayer de résister.

« Ma présence vous serait désormais insup-
« portable, et la vôtre me rappellerait des torts
« que je ne puis ni ne veux nier. Vos qualités
« et mes défauts sont d'une telle nature que
« nous ne pouvons espérer de vivre dans cette

« sorte d'intimité négative qui suffit à tant
« d'époux.

« Vos regrets des premiers temps de notre
« mariage se traduiraient toujours en repro-
« ches, et votre patiente vertu me rappellerait
« toujours mes fautes; mon caractère s'aigrirait
« encore davantage, et nous ne pourrions que
« perdre tous deux à un rapprochement.

« Je vous laisse toute liberté, bien certain
« que vous saurez ménager les convenances :
« je vous demande la même grâce ; d'ailleurs
« mon parti est irrévocablement pris, et vous
« espéreriez en vain m'en faire changer.

« Je pense que vingt-cinq mille francs par
« an vous suffiront. Soit que vous restiez à Ma-
« ran, comme je vous le conseille, soit que
« vous veniez à Paris, cette pension vous sera
« exactement comptée.

« Donnez-moi des nouvelles de votre santé;
« et si vous avez quelques objections à me faire
« sur les dispositions financières que je vous
« propose, écrivez-moi, je tâcherai d'arranger
« tout selon votre désir.

« J'avais été dupe comme vous, de ma bonne
« résolution d'hier. C'était une faiblesse; je n'a-

« vais plus la tête à moi, j'ai agi, parlé comme
« un homme sans énergie. Le courant m'em-
« porte; je ferme les yeux et je m'y abandonne :
« quoi que vous disiez, il est des circonstances
« dans lesquelles la volonté est impuissante.

« G. DE L. »

Le brusque départ de mon mari, la lecture de cette lettre me causèrent un tel saisissement, une si violente commotion que je sentis tout-à-coup je ne sais quel atroce déchirement intérieur!... mon sang se glaça dans mes veines... une horrible crainte traversa mon esprit comme un trait de feu... je m'évanouis d'épouvante et de douleur. . . . . . . . . . .
. . . . . . . . . . . . . . . . . . . . . . . . .

Aujourd'hui comme alors... comme toujours... je vous dirai : Soyez maudit, Gontran!... vous avez tué mon enfant dans mon sein!!!. . . . . . . . . . . . . . . . . .
. . . . . . . . . . . . . . . . . . . . . . . . .

Combien de temps restai-je dans un état voisin de la folie et de la stupidité, je ne pus m'en rendre compte alors...

Blondeau ne me quitta pas un jour, pas une

nuit. Depuis elle me dit que lorsque j'appris l'affreux résultat de mon saisissement, ma raison s'égara... je me mis à pousser des éclats de rire convulsifs.

Ce paroxysme nerveux dura jusqu'à ce que mes forces fussent complètement épuisées.

Alors je tombai dans une sorte de torpeur, d'engourdissement inerte. Pendant cette période, je ne dis pas un mot... je ne semblais pas entendre les paroles que l'on m'adressait.

Je restai environ deux mois avant que d'avoir tout-à-fait repris l'usage de ma raison.

Lorsque je revins à moi, il fallut que Blondeau me racontât tout ce qui s'était passé; tout, jusqu'au départ de mon mari...

Tout... jusqu'à la révolution que ce départ m'avait causée...

Tout enfin... jusqu'au moment terrible où...

Mais ma plume s'arrête... ma main tremble... tout mon être tressaille encore à ce déchirant souvenir!... Oh! mon enfant... mon enfant!

Oh! malheur à vous, Gontran!... malheur à vous!...

Encore à cette heure, mon désespoir éclate

en sanglots... Oh! malheur, malheur à vous qui avez impitoyablement brisé le dernier... le seul lien qui dût m'attacher à la vie !...

Malheur à vous qui m'avez ôté le seul prétexte qui m'aurait permis un jour de vous pardonner le mal que vous m'avez fait... Soyez maudit!... à tout jamais maudit! . . . . . . .
. . . . . . . . . . . . . . . . . . . . . . .

Bien des fois je me suis demandé si le brusque départ de Gontran avait seul causé le fatal événement qui devait décider de ma vie, ou bien si je devais attribuer ce funeste accident aux violents chagrins qui m'avaient frappée depuis quelques mois.

Longtemps encore, rougissant de ma faiblesse, je ne voulus pas m'avouer cette dernière, cette impardonnable lâcheté : cela était vrai pourtant... Malgré l'affreuse trahison de mon mari, malgré sa lettre à Ursule, malgré ses aveux, malgré mes ressentiments, quoique je lui eusse dit enfin que je ne l'aimais plus... honte! anathème sur moi!! je l'aimais encore, je l'aimais, puisque le bouleversement que me causa son départ causa la mort prématurée de mon enfant !

Maintenant que toute illusion est à jamais dissipée pour moi et que je vois vrai dans le passé... je m'aperçois que même au milieu des chagrins que je croyais les plus désespérés, un secret et vague espoir me soutenait encore à mon insu. L'abandon de Gontran me fit sentir tout ce que sa présence était pour moi.

En vain je savais qu'il aimait Ursule, en vain il m'avouait cette folle et irrésistible passion... au moins il était là... près de moi ; je pouvais compter, grâce à mes soins, grâce à ma tendresse, sur un bon retour de son cœur... et puis enfin, encore une fois, si cruel, si impitoyable qu'il fût... *il était là,* et mieux vaut souffrir par la présence que par l'absence.

Un remords terrible, implacable, me poursuivra désormais toute ma vie... Un indigne amour m'a coûté la vie de mon enfant...

Si, comme le disaient mes lèvres menteuses, oubliant, méprisant un homme sans foi, j'avais mis tout mon avenir dans l'amour maternel, j'aurais supporté le délaissement de cet homme avec calme et dignité...

Il n'en fut pas ainsi. En me causant un atroce déchirement, le départ de cet homme me prouva par combien de fibres palpitantes mon cœur lui était encore attaché...

Mais aussi son infâme abandon, en arrachant ces dernières racines vives et saignantes, anéantit, hélas! trop tard, mais à jamais! cet odieux amour.

. . . . . . . . . . . . . . . . . . . . .

## CHAPITRE XVII.

### LE TESTAMENT.

Pendant ma maladie, les lettres suivantes de madame de Richeville étaient arrivées à Maran...

Blondeau, les voyant cachetées de noir, ne me les remit que lorsque je fus hors de danger. Craignant que leur contenu ne fût sinistre, elle n'avait pas voulu m'exposer à une émotion peut-être dangereuse.

Les pressentiments de cette femme si bonne et si dévouée ne l'avaient pas trompée.

Paris, deux heures, janvier 1831.

« Je vous écris un mot à la hâte, ma chère Mathilde, pour vous faire part d'un bien douloureux événement.

J'apprends à l'instant que M. de Mortagne a été hier gravement blessé en duel... On dit (et je ne puis le croire) que notre malheureux ami, dont vous connaissez le caractère et la loyauté, a été l'agresseur.

Les chirurgiens ne peuvent encore donner aucun espoir ; le premier appareil ne sera levé que dans la soirée ; je ne sais pourquoi je redoute que le duel de M. de Mortagne ne soit la suite de quelque odieux complot...

Tout-à-l'heure, j'étais allée moi-même savoir de ses nouvelles ; enfoncée dans ma voiture, j'attendais à la porte de la maison qu'il habite seul, comme vous savez, que mon valet de pied fût de retour : deux hommes de haute taille, bien vêtus, mais d'une tournure vulgaire, vinrent sans doute aussi pour s'informer de ses nouvelles. Avant d'entrer, ils se firent, en s'excusant de passer l'un devant l'autre, quelques révérences grotesques qui me surprirent ; après être un instant restés dans la maison, ils sortirent et se tinrent une minute devant la porte en regardant de côté et d'autre. Alors, l'un de ces hommes, le plus grand... (jamais je n'oublierai sa physionomie à la fois basse et sinistre, sa figure couperosée, encadrée d'épais favoris d'un roux ardent, et illuminée par deux petits yeux d'un gris clair), alors le plus grand de ces deux hommes dit à l'autre en riant d'un rire féroce : *Quand je vous dis que le plomb sous l'aile vaut autant que le plomb dans le crâne ; je l'avais pourtant ajusté à la tête ! mais, moi qui ne manque pas une mouche à quarante pas, j'ai été obligé de cligner de l'œil devant le regard de cet homme-là : je n'ai jamais vu un pareil regard... C'est ce qui a dérangé mon point de mire.* — *Il n'y a pas de mal si le coup est* TOUT-A-FAIT BON — reprit l'autre homme avec un accent étranger fortement prononcé ; — *dans ce cas* — ajouta-t-il — *chose promise, chose tenue.* IL *n'a que sa parole... et...*

Je n'entendis rien de plus, ces deux hommes s'éloignèrent, je ne puis vous dire combien cela m'inquiète. Quels sont ces hommes ? quels rapports ont pu exister entre M. de Mortagne et des êtres pareils ? que signifient ces mots : *chose promise, chose tenue.* IL *n'a que sa parole ; Si le coup est tout-à-fait bon*, c'est-à-dire, sans doute, si le coup est *mortel?* Quel est ce mystère... »

Huit heures du soir.

« M. de Mortagne est dans le même état, on lui a ordonné le silence le plus absolu; j'ai fait prier M. de Saint-Pierre, qui a été l'un de ses témoins, m'a-t-on dit, de passer chez moi, je voulais l'instruire des propos que j'avais entendu tenir par ces deux hommes, il a été frappé comme moi de ces étranges paroles. Celui des deux qui a les cheveux roux a été l'adversaire de M. de Mortagne.

Voici les détails que M. de Saint-Pierre m'a donnés sur ce duel.

M. de Mortagne était venu chez lui vendredi soir, le prévenir qu'il avait eu une altercation violente avec un homme qu'il ne connaissait pas, mais qu'il avait souvent rencontré depuis quelque temps au café de Paris, où il dîne habituellement. Cet homme et son compagnon affectaient toujours de se placer à une table voisine de la sienne dès qu'ils en trouvaient l'occasion. Une fois établis de façon à être entendus de M. de Mortagne, ils commençaient à parler de l'empereur dans les termes les plus grossiers et les plus méprisants. Vous connaissez, ma chère Mathilde, l'espèce de culte d'idolâtrie que M. de Mortagne a conservé pour Napoléon, vous concevez donc avec quelle impatience il devait souffrir de ces entretiens, qui le blessaient dans l'objet de ses plus vives sympathies.

Vendredi dernier, il vint dîner à son habitude ; à peine était-il assis à sa table, que les deux inconnus arrivèrent, et la même scène se renouvela, le même entretien continua. Notre malheureux ami eut d'autant plus de peine à se contenir, qu'il lui sembla que ces deux hommes échangèrent un signe d'intelligence en regardant de son côté ; pourtant il conserva assez d'empire sur lui-même pour se lever et sortir sans dire un mot, n'ayant aucun motif réel d'agression. Ces deux voisins étaient parfaitement libres d'émettre entre eux leurs opinions ; d'ailleurs, ils ne s'adressaient pas à lui...

En sortant de dîner, M. de Mortagne alla à la Comédie-Française, il y avait peu de monde, il prit une stalle ; au bout de quelques instants, les deux inconnus vinrent se placer à ses côtés et reprirent leur conversation où ils l'avaient laissée. M. de Mortagne crut voir une provocation dans l'étrange persistance avec laquelle on le poursuivait, il perdit malheureusement patience, son caractère bouillant l'emporta, et il dit à l'homme aux favoris roux qu'il n'y avait qu'un misérable qui pût oser parler ainsi de l'empereur.

Cet homme, au lieu de répondre à M. de Mortagne, redoubla d'injures sur Napoléon en continuant de s'adresser à son compagnon. Notre malheureux ami, que ce sang-froid mit hors de lui, s'oublia jusqu'à secouer violemment le bras de l'inconnu, en lui demandant s'il ne l'avait pas entendu.

Celui-ci s'écria vivement : Vous m'avez appelé misérable, vous avez porté la main sur moi, je ne vous ai pas adressé la parole, vous êtes l'agresseur, vous me devez satisfaction. Voici mon adresse, demain matin mon témoin sera chez vous, et il remit une carte à M. de Mortagne.

Sur cette carte il y avait : *le capitaine Le*

*Blanc*. Le soir même de cette altercation, M. de Mortagne alla chez M. de Saint-Pierre, lui avoua qu'il avait eu tort, mais qu'il n'avait pu s'empêcher de s'emporter en entendant injurier la mémoire de l'homme qu'il admirait le plus au monde; il pria M. de Saint-Pierre de s'entendre avec le témoin du capitaine Le Blanc, ajoutant qu'il était prêt à donner toute satisfaction.

Le lendemain, à huit heures du matin, le témoin du capitaine Le Blanc, un Italien qui se qualifia du titre de chevalier Peretti, vint trouver M. de Saint-Pierre et réclamer le choix des armes pour le capitaine Le Blanc, qui voulait se battre au pistolet, à vingt pas, et tirer le premier, étant l'offensé.

M. de Saint-Pierre, voulant égaliser davantage les chances du combat, demanda que les deux adversaires tirassent ensemble, mais le témoin du capitaine Le Blanc n'y voulut jamais consentir. Malheureusement, M. de Mortagne était l'agresseur sans provocation; M. de Saint-Pierre fut donc forcé, me dit-il, d'accepter le combat tel qu'il était proposé.

Lorsque M. de Mortagne apprit le résultat

fâcheux de cette entrevue, il parut soucieux, préoccupé. Avant que de partir, il remit à M. de Saint-Pierre une clef, en le priant d'envoyer à leur adresse les papiers qu'il trouverait dans un coffre qu'il lui indiqua.

M. de Saint-Pierre connaissant le courage de M. de Mortagne, qui avait fait les plus brillantes preuves dans des circonstances pareilles, attribua à un sinistre pressentiment l'espèce d'accablement qu'il montra avant le combat.

Notre ami regretta plusieurs fois de s'être laissé emporter jusqu'à insulter cet homme, comme si la mémoire de l'empereur ne se défendait pas d'elle-même. Plusieurs fois il répéta : « Cela m'eût été à peine pardonnable « si ma vie m'eût appartenu *à moi seul*, mais « en ce moment me conduire comme je me « suis conduit, c'est pis qu'une folie, c'est « presque un crime... »

A midi, M. de Mortagne et ses deux témoins, le capitaine Le Blanc et les deux siens, arrivèrent dans le bois de Ville-d'Avray. Tout fut réglé comme il avait été convenu.

Les deux adversaires se placèrent à vingt pas ; M. de Mortagne redressa sa grande taille, et, tout en tenant son pistolet de la main droite, il croisa ses bras sur sa poitrine, jeta un regard si ferme et si perçant sur le capitaine Le Blanc, que celui-ci baissa un moment les yeux, et M. de Saint-Pierre vit distinctement son poignet trembler, pourtant son coup partit; hélas!.. il fut bien fatal... M. de Mortagne tourna une fois sur lui-même et tomba à genoux en portant la main droite à son côté gauche... puis il se renversa en arrière en s'écriant : Ma pauvre enfant! Vous le voyez... il pensait à vous, Mathilde...

Ses témoins le reçurent presque expirant dans leurs bras. La balle avait pénétré dans la poitrine. On le transporta à Paris avec les plus grands ménagements et, depuis hier heureusement, quoique très alarmant, son état n'a pas empiré.

Voilà, ma chère Mathilde, le triste récit que m'a fait M. de Saint-Pierre.

D'après les paroles atroces que j'ai entendu prononcer aux adversaires de M. de Mortagne, M. de Saint-Pierre pense comme moi que, sans doute, ces hommes avaient calculé leur opiniâtre et pourtant insaisissable provocation de telle sorte qu'elle fît sortir M. de Mortagne de sa modération habituelle, et qu'il se mît par une imprudente agression à la merci de ces deux spadassins, dont l'un ne semblait que trop sûr de son adresse.

Mais quel est le mystérieux moteur de cette atroce vengeance? Sans aucun doute ces misérables n'ont pas agi d'eux-mêmes, ils ne sont que les instruments d'une horrible machination...

Je reçois à l'instant un mot de M. de Mortagne, il se sent mieux ; il a, dit-il, les choses les plus graves à me communiquer, je ne manquerai pas à ce triste et pieux devoir; je vous quitte pour revenir bientôt, ma chère enfant. »

Paris, onze heures du soir.

« J'arrive de chez notre ami... Remercions Dieu, Mathilde, et implorons-le!.. il reste encore quelque espoir... Il vivra!.. oh! il vivra pour le bonheur de ses amis et pour le châtiment de ses ennemis, car les paroles que j'ai entendues l'ont mis sur la voie d'une trame horrible...

Quel abîme d'infamie!.... Mais parlons de vous d'abord... Son premier cri a été : « Mathilde! » ses premières paroles ont été pour me supplier de vous dire que de graves devoirs l'avaient assez absorbé pour qu'il ne pût vous consacrer quelques jours, depuis la scène de la maison isolée (il a confié à mon amitié tous les détails de cette nuit horrible... vous verrez bientôt pourquoi).

Les crises politiques qui amenèrent la révolution de l'an passé et le triomphe de la cause dont M. de Mortagne était l'un des plus ardents partisans vous indiquent assez quels intérêts l'occupèrent presque exclusivement pendant quelques mois.

Il a reçu la lettre que vous lui avez écrite au sujet des prodigalités de votre mari ; selon son habitude, il voulait vous répondre en vous rassurant ou en vous donnant un conseil efficace, mais il lui a fallu plusieurs consultations de ses gens d'affaires, et il n'a pu se procurer qu'avant-hier et avec les plus grandes difficultés une copie de votre contrat de mariage. Hélas! ma pauvre enfant, vous avez été victime d'une trame bien perfide et bien complète... vous ne pouvez disposer de rien... votre mari peut tout engloutir et ne léguer que la misère à celle qui l'a si généreusement enrichi!...

« Mais que Mathilde se rassure — a dit M. de Mortagne — quoiqu'il arrive, que je vive ou que je meure, son avenir, celui de son enfant, seront assurés et à l'abri de la dissipation de son mari... »

Je lui ai tout appris, malheureuse femme!.. et vos justes sujets de jalousie, et sa dureté; il ne voit qu'un moyen possible de vous arracher à cette tyrannie... je n'ose écrire ces mots, car je connais votre tendre aveuglement... enfin, selon lui, ce moyen est... une *séparation*!.. et il n'y a pas une année que vous êtes mariée!... malheureuse enfant!..

Écoutez notre ami... écoutez-moi... réfléchissez.... habituez-vous à cette pensée..... qu'elle ne vous effraie pas... Sans doute l'isolement est pénible, mais il vaut mieux encore qu'une douleur de tous les instants...

Enfin si, comme je n'en doute pas, Dieu nous conserve M. de Mortagne, il ira lui-même, et devant votre mari *, vous donner

---

* M. de Mortagne ignorait alors le départ de M. de Lancry pour Paris.   (*Note de l'auteur*.)

les conseils qu'il me prie de vous donner.

Maintenant, je viens aux soupçons que lui ont donnés les paroles que j'ai surprises. Savez-vous quel est celui qu'il accuse... toutefois avec les restrictions d'une âme juste et loyale?... c'est le démon qui avait semblé s'acharner à votre perte, M. Lugarto enfin!... C'est pour me faire comprendre le sujet de la rage de ce misérable que M. de Mortagne m'a raconté la scène de la maison isolée et les menaces de vengeance que ce monstre proféra en s'éloignant... Il n'aura que trop tenu parole! Des spadassins soudoyés, renseignés et dirigés par lui, auront épié M. de Mortagne et, exécutant les infernales instructions de leur maître, ils auront exaspéré la colère de notre malheureux ami, en outrageant devant lui une mémoire qu'il vénérait.

Une fois l'agression de M. de Mortagne bien constatée, et le choix et le mode du combat ainsi laissés forcément à son adversaire, il ne pouvait que tendre sa poitrine désarmée aux assassins payés par M. Lugarto...

Malgré cette interprétation si naturelle d'un fait inexplicable sans cela, malgré son mépris pour cet homme, M. de Mortagne répugne à le croire capable d'une si sanglante infamie ; avec la rude franchise de son caractère il n'admet que les réalités, les preuves matérielles lorsqu'il s'agit d'accuser un homme d'un crime peut-être plus exécrable encore que l'assassinat, parce qu'il est infaillible et impunissable... Pourtant il consent à... »

Cette lettre de madame de Richeville était interrompue...

Un billet accompagnant un volumineux paquet cacheté de noir était ainsi conçu et écrit d'une main défaillante par madame de Richeville.

Une heure (...)

« Il me reste... à peine la force de vous écrire ces mots terribles... *Il est mort*... une suffocation vient de l'emporter... Ce n'est pas tout... je crains de devenir folle de terreur. A peine m'avait-on annoncé cette affreuse nouvelle qu'un inconnu a apporté une boîte pour moi... Emma l'a ouverte... en ma présence... qu'ai-je vu... un bouquet de ces fleurs vénéneuses d'un rouge de sang que l'an passé vous portiez à ce bal du matin.. et qui vous avaient été envoyées à votre insu par M. Lugarto, démon... à figure humaine... Ce bouquet est ceint d'un ruban noir... Comprenez-vous cette épouvantable allégorie... N'est-ce pas à la fois dire quelle est la main qui a frappé... et nous menacer de nouvelles vengeances... Si cela est, mon Dieu, grâce... grâce pour Emma, grâce pour ma fille... frappez moi, mais épargnez-la... Mathilde... prenez-garde... un génie infernal plane au-dessus de nous... Notre ami n'est peut-être que sa première victime. . Adieu ; je n'ai que la force de vous dire mille tendresses désolées.

« VERNEUIL de RICHEVILLE. »

. . . . . . . . . . . . . . . . . . . . . . .

Un paquet cacheté, à mon adresse, accompagnait cette lettre.

Il contenait les dernières volontés de M. de Mortagne... le don qu'il me faisait de tous ses biens... et la révélation d'un mystère sacré qui doit rester enseveli au plus profond de mon cœur...

. . . . . . . . . . . . . . . . . . . . . . .

Je n'ai pas besoin de dire si mes regrets furent cruels... La seule main ferme et amie qui aurait pu peut-être me retenir sur le bord de l'abîme... venait d'être glacée par la mort.

Tous les soutiens me manquèrent à la fois...

La fatalité semblait s'appesantir sur moi...

. . . . . . . . . . . . . . . . . . . . . . . . . . . .

Un jour donc, je me trouvai seule... le cœur vide et désolé... l'âme remplie d'amertume et de haine...

Dans ma révolte impie contre la destinée que Dieu m'imposait sans doute comme épreuve, lasse d'être victime, insultant à ma résignation et à mes vertus passées, je songeai enfin à rendre le mal pour le mal.

Me pardonnerez-vous jamais, mon Dieu!

Que mes fautes retombent sur l'homme qui m'a jetée dans cette voie orageuse et désespérée!

Non, non, pas de pitié... pas de pitié pour lui... Du ciel il m'a rejetée dans l'enfer, il m'a ravi ma dernière espérance.

Haine... haine immortelle A CELUI QUI A TUÉ MON ENFANT.

. . . . . . . . . . . . . . . . . . . . . . . . . .

FIN DU QUATRIÈME VOLUME.

# LIVRES DE FONDS.

|  | in-8. |
|---|---|
| **Ascanio**, par Alexandre Dumas. | 5 vol. |
| **Aventures de Voyage en Orient**, par Alphonse Royer. | 2 vol. |
| **Aymar**, par H. de Latouche. | 2 vol. |
| **Aventures d'un Gentilhomme allemand**, par Spindler. | 2 vol. |
| **Aventures d'un Gentilhomme parisien**, par lord Ellis. | 2 vol. |
| **Auberge (l') des Trois Pins**, par Roger de Beauvoir. | 1 vol. |
| **Année (une) en Espagne**, par Charles Didier. | 2 vol. |
| **Au milieu des Douleurs**, par Michel Raymond. | 2 vol. |
| **Conversion d'un mauvais Sujet (la)**, par Raban. | 4 vol. |
| **Croisière (la) de la Mouche**, par Paul Hennequin. | 2 vol. |
| **Charlotte Corday**, par Alphonse Esquiros. | 2 vol. |
| **Charlotte Corday et madame Roland**, par madame Louise Colet. | 1 vol. |
| **Coralie l'Inconstante**, par madame A. Arnaud. | 2 vol. |
| **Cœurs (les) Brisés**, par madame Louise Colet. | 2 vol. |
| **Derniers (les) Bretons**, par Souvestre. | 4 vol. |
| **Deux mois d'émotions**, par la même. | 1 vol. |
| **Entre deux Lames**, par Pujol. | 2 vol. |
| **Femmes (les) proscrites**, par Arnould Frémy. | 2 vol. |
| **Folles et Saintes**, par la même. | 2 vol. |
| **Fille du Trombonne**, par Saltret. | 2 vol. |
| **Fils du Réprouvé**, par Félix Lamb. | 2 vol. |
| **Ilots de Martin Vaz**, par E. Corbière. | 2 vol. |
| **L'Homme et l'Argent**, par Souvestre. | 2 vol. |
| **L'Homme aux trois Culottes**, ou *la République, l'Empire et la Restauration*, par Ch.-Paul de Kock. | 2 vol. |
| **Le Tasse et la princesse Éléonore d'Est**, par madame Gottis. | 2 vol. |
| **Le Journaliste**, par E. Souvestre. | 2 vol. |
| **La comtesse de Servy**, par madame Arnaud. | 2 vol. |
| **Mademoiselle de Verdun**, troisième partie du *Faubourg Saint-Germain*, par le comte Horace de Viel-Castel; deuxième édition. | 2 vol. |
| **Mémoires de la reine Hortense et de la Famille impériale**, par mademoiselle Cochelet, (madame Parquin). | 4 vol. |
| **Mémoires du général Belliard**, par M. Vinet. | 3 vol. |
| **Médérine**, par madame Ancelot. | 2 vol. |
| **Ne touchez pas à la Hache**, par Amédée Gouet. | 2 vol. |
| **Pages de la Vie intime**, par madame Mélanie Waldor. | 2 vol. |
| **Passion et Devoir**, par madame Hippolyte Taunay. | 2 vol. |
| **Quinze ans d'exil dans les États romains**, par le comte de Chatillon. | 2 vol. |
| **Ruysch**, par Roger de Beauvoir. | 1 vol. |
| **Souvenirs d'un Demi-Siècle**, par Touchard-Lafosse. | 6 vol. |
| **Sur nos Grèves**, roman maritime, par Fulgence-Girard. | 2 vol. |
| **Singhy le Malais**, histoire indienne, par Bouët. | 2 vol. |
| **Trois (les) Pirates**, par Edouard Corbière. | 2 vol. |
| **Une Maîtresse de François Ier**, par madame Aug. Gottis. | 2 vol. |
| **Une Cantatrice**, par madame Hippolyte Taunay. | 2 vol. |

Sceaux. — Impr. de E. Dépée.

www.ingramcontent.com/pod-product-compliance
Lightning Source LLC
Chambersburg PA
CBHW050803170426
43202CB00013B/2546